PLAN-CARNET

DE LA

VILLE DE PARIS

1852-1853

Table générale des Signes conventionnels spécialement employés dans le Plan-Carnet de la ville de Paris.

1° Flèches de direction des rues par rapport à la Seine (1).

Rive Droite. Gauche. — Sens de la direction des Rues

Rues parallèles à la Seine.
— perpendiculaires.
— inclinées vers l'amont.
— inclinées vers l'aval.

2° Signes de séparations dans les indications de la nomenclature.

| Petites séparations.
| Séparation principale.
— Tenants et aboutissants.

(1) Pour la complète intelligence de cette notation, il faut se rappeler que, dans l'application des flèches, la Seine est toujours censée couler de la droite à la gauche du lecteur, devant lui ou derrière lui. Le voyageur dans Paris sera certain d'être bien orienté si, se trouvant dans une rue notée comme perpendiculaire à la Seine sur la rive droite ou sur la rive gauche, les numéros vont en croissant — devant lui, sur la rive droite, — derrière lui, sur la rive gauche, — ou si, se trouvant dans une rue notée comme parallèle à la Seine sur l'une ou l'autre rive, les numéros vont en croissant de sa droite à sa gauche. Étant bien orienté, il tourne le dos à la Seine ou lui fait face, suivant qu'il se trouve sur la rive droite ou sur la rive gauche.

3° Flèches indicatives du mouvement des omnibus.

→ Aller — ou — Trajet direct dans le sens des numéros.
← Retour — ou — Trajet direct dans le sens inverse.
Omnibus passant au commencement de la rue.
Omnibus passant à la fin de la rue.

4° Signes des correspondances.

: Correspondance simple. La voiture à gauche du signe (:) *donne* à la voiture à droite qui *reçoit sans donner.*

:: Correspondance réciproque. Les voitures réunies par le signe (::) correspondent *réciproquement*, c'est-à-dire *se donnent et reçoivent mutuellement.*

: suivi de l'indication d'un bureau à côté de la seconde voiture. Correspondance à pied par un bureau voisin.

: répété entre trois voitures, avec indication d'un bureau à côté de la troisième. Double correspondance ou correspondance par une voiture intermédiaire avec une autre voiture à prendre dans un bureau éloigné.

La propriété du nouveau système de Portefeuilles, résultant de l'application de l'idée du Plan-Carnet à une ville, contrée ou portion de contrée quelconque, est garantie par un brevet d'invention délivré sans garantie du Gouvernement (art. 33 de la loi du 5 juillet 1844). Les contrefacteurs seront rigoureusement poursuivis.

DÉPÔT CENTRAL
du
PLAN-CARNET DE LA VILLE DE PARIS

Chez MICHOS FRÈRES, fabricant de Portefeuilles,

Rue Michel-le-Comte, 22.

EXTRAIT DU PLAN-CARNET de la ville de Paris (texte seul : Nomenclature des Rues, Mouvement des Omnibus, etc.) . 2 00

EXEMPLAIRES ORDINAIRES.
N. 1, non colorié, couverture en toile. . 4 50
N. 2, colorié, couverture en basane. . . 6 00

EXEMPLAIRES DE LUXE.
N. 1, colorié à teintes plates, couverture en chagrin ou Russie. 7 50
N. 2, colorié à teintes plates et liserés, portefeuille entièrement souple. . . . 9 00

Paris. — Imprimerie Smith, rue Fontaine-au-Roi, 13.

PLAN-CARNET

de la

VILLE DE PARIS

PORTEFEUILLE SPÉCIAL DU VOYAGEUR DANS PARIS

(Circulation dans les Rues, Mouvement des Omnibus, Rapports avec la Banlieue,
Chemins de fer, Voitures de place et de remise, &c., &c.)

Par Asph. H. DE ROCHAS, I. C.

1852—1853.

Dépôt central chez MICHON FRÈRES, fabricants de Portefeuilles,
Rue Michel-le-Comte, 25.

SOMMAIRE.

I. CARTES.

PLAN D'ENSEMBLE

RÉSEAU DES OMNIBUS ET BUREAUX DE CORRESPONDANCE.

FEUILLES DE DÉTAIL. — N° 1 Tuileries. N° 2 Hôtel-de-Ville. N° 3 Faubourg Saint Honoré. N° 4 Chaussée-d'Antin. N° 5 Faubourg St-Martin. N° 6 Faubourg St-Antoine. N° 7 Quartier Latin. N° 8 Champs Elysées et Invalides. N° 9 Faubourg St Germain. N° 10 Faubourg Saint-Marceau.

II. TEXTE.

INTRODUCTION. — I Cartes II Texte et Documents divers III Pratique de la circulation dans Paris.

INSTRUCTION SPÉCIALE SUR LA NOMENCLATURE DES RUES. — I. Indications topographiques. II. Mouvement des Omnibus

INSTRUCTION SPÉCIALE SUR LE MOUVEMENT DES OMNIBUS — I. Route des Omnibus. II. Bureaux de correspondance III. Formules de correspondance.

NOMENCLATURE DES RUES, PLACES, PASSAGES ET VOIES PUBLIQUES DIVERSES

MOUVEMENT DES OMNIBUS DANS L'INTÉRIEUR DE PARIS — I. Table des Routes. II. Table des Correspondances.

SERVICES DE LA BANLIEUE — I Voitures spéciales. II. Chemins de fer

TARIF DES VOITURES DE PLACE ET DE REMISE.

POSTE AUX CHEVAUX.

SERVICE DES POSTES.

CALENDRIERS POUR 1852 ET 1853.

INTRODUCTION.

L'objet du PLAN-CARNET est la réunion condensée sous la forme la plus portative, de tous les documents relatifs à la CIRCULATION dans Paris. Son but est de donner à quiconque sait un peu lire un plan et se faire à quelques signes conventionnels très simples, la faculté : 1° de connaître immédiatement Paris aussi bien, sinon mieux, que le plus ancien cocher de fiacre ; 2° de circuler dans toute son étendue sans jamais se perdre ni avoir besoin de demander son chemin ; 3° de déterminer à chaque instant et avec certitude le chemin le plus court et le moyen le plus économique de se transporter d'un point à l'autre ; 4° en un mot d'économiser le temps, la fatigue et l'argent là où leur économie importe le plus.

I. Cartes.

Division des Cartes. — Les cartes renfermées dans le petit Atlas du Plan-Carnet sont au nombre de douze, savoir : un plan d'ensemble et dix feuilles de détail, plus une carte spéciale du réseau des Omnibus. — La division de Paris en *arrondissements* municipaux étant trop défectueuse pour servir de base à une bonne distribution topographique, on a préféré baser celle-ci sur les grandes divisions consacrées par l'usage, en conservant, autant que possible, les dénominations habituées. — Chaque feuille de détail contient néanmoins un nombre rond

le *quartiers*, et comme ces quartiers n'appartiennent pas toujours au même arrondissement, on a eu soin de toujours leur adjoindre les numéros en chiffres romains de leurs arrondissements respectifs.

Orientation. — Toutes les cartes du Plan-Carnet sont orientées sur la *parallèle à la direction principale de la Seine* (Champs-Elysées, rue de Rivoli et son prolongement). Cette orientation a paru préférable, parce qu'à Paris on estime généralement que la Seine coule sensiblement de l'est à l'ouest. Les plans ainsi orientés représentent en effet mieux l'idée qu'on s'y fait involontairement de la direction générale des rues.

Echelles. — En égard à l'inégale distribution des rues dans l'étendue de Paris, on a cherché à établir les grandes divisions, de manière à ce que, réduites à un format uniforme, elles satisfissent sensiblement à la condition d'*égale lisibilité*. De là l'inégalité des échelles — Pour rendre plus sensible l'échelle de chaque carte et en même temps permettre de mesurer plus facilement les distances, on a laissé subsister dans chacune les carreaux de réduction. Les côtés de ces carreaux représentent tous une longueur invariable de *deux cents mètres*. — On peut compter moyennement autant de fois cinq minutes de chemin qu'on a de carreaux à traverser pour se rendre à pied d'un point à un autre.

Recouvrements. — Les parties propres à chaque feuille n'occupant généralement pas toute leur surface, on en a profité pour reproduire à la même échelle et en *lignes grises* les parties contiguës des feuilles voisines. — La transition d'une carte à l'autre s'opère ainsi sans difficulté.

Traits de force des Omnibus. — Les traits de force qu'on est dans l'usage d'employer dans les plans de ville, ont été réservés ici pour une destination spéciale: *ils servent à caractériser les rues dans lesquelles passent des omnibus.* Cette indication ne fait pas immédiatement connaître le nom des voitures; mais il suffit de se reporter à la nomenclature pour le déterminer en même temps que le sens de leur trajet direct.

Carte spéciale du réseau des Omnibus. — Cette carte ne contient que la direction des rues parcourues par les diverses lignes et la position relative des bureaux de correspondance. — Le tracé de chaque ligne y est indiqué par une ponctuation particulière qui permet d'en suivre la marche dans tous ses détails. Un peu d'habitude suffit pour reconnaître les rues, quoique leurs noms n'y soient pas marqués. — Les simples bureaux de correspondance ou d'attente sont indiqués en italiques et les stations principales en petites capitales.

II. Texte et Documents divers.

Nomenclature des rues. — Cette nomenclature a été établie au point de vue spécial de la *circulation.* Toutes les impasses, ruelles, cours et autres lieux fermés, sans aboutissants ni sortie possible que par l'entrée elle-même, en ont été exclus. Au contraire, tous les passages, tous les chemins ouverts, toutes les voies petites ou grandes, qui peuvent servir à la circulation ont été soigneusement notés. — L'ordre alphabétique comprend les noms réduits au substantif seul et à ses accessoires caractéristiques dans leur ordre habituel. Les articles sont supprimés, ainsi que le mot rue; les places, passages, boulevarts, etc., sont indiqués après le nom par les abbréviations pl., pas, boul., etc. — Quant au système spécial de la nomenclature en elle-même, voyez l'instruction au dos du plan d'ensemble.

Mouvement des Omnibus. — Tous les documents qui concernent le mouvement des omnibus ont été condensés dans deux tables distinctes: la première, celle des *routes*, donne le trajet de chaque ligne avec toutes ses circonstances; la seconde, celle des *correspondances*, donne bureau par bureau toutes les particularités des correspondances qui s'y effectuent. — Pour faciliter l'intelligence de ce travail, on a ramené à un système uniforme les indications des diverses lignes et leurs directions. Dans ce but, chaque ligne a été caractérisée par les deux initiales de ses points de départ et d'arrivée, comme cela se pratique dans les chemins de fer. De plus, par analogie avec le système de numérotage des rues, les points de départ ont toujours été pris à l'amont, par rapport à la Seine, de sorte que le sens du trajet direct est toujours celui du cours de l'eau.

Instructions spéciales sur la nomenclature des rues et des omnibus. — Ces instructions ont été placées au dos rentrant du plan d'ensemble et de la carte des omnibus, pour qu'on puisse les consulter plus facilement en les dépliant, et mettre ainsi l'explication en regard du texte.

Banlieue et localités voisines. — Il existe entre l'intérieur de Paris et la banlieue, un mouvement très actif de voitures, dont plusieurs sont en correspondance directe avec les omnibus de l'intérieur. Les chemins de fer, qui eux-mêmes ont des omnibus spéciaux, desservent aussi un grand nombre des localités voisines. — Les documents re-latifs à cet ordre de circulation ont été consignés dans deux tables: l'une donne la liste des bureaux des voitures de banlieue avec les localités qu'elles desservent; l'autre donne les renseignements analogues pour les chemins de fer et les bateaux à vapeur. — Ces divers documents sont complétés par le tarif des voitures de place.

Calendriers et éditions annuelles. — Le Plan-Carnet contient *deux calendriers*, l'un pour l'année courante, l'autre pour l'année à venir, afin qu'il serve toujours au moins pour un an. — Il en est fait au moins une édition par an, pour le tenir au courant des modifications au fur et à mesure qu'elles se produisent, et, dans ce but, rien n'a été négligé pour placer et maintenir le Plan-Carnet dans les conditions de rigoureuse exactitude qui seules peuvent en faire le modeste, mais principal mérite.

III. Pratique de la Circulation dans Paris.

L'usage du Plan-Carnet permet de résoudre immédiatement et, si l'on veut, tout en marchant, les six questions suivantes, dans lesquelles se résument tous les cas que peut présenter la circulation dans Paris, soit à pied, soit en omnibus.

1° *Trouver la position d'une rue sur le plan.* — Étant donné un nom de rue dont il s'agit de déterminer la position, on la cherche d'abord dans la nomenclature. On y voit immédiatement sa position et sa direction par rapport à la Seine, la feuille de détail et le quartier dans lesquels elle se trouve, enfin son tenant et son aboutissant. — La connaissance du quartier limite, dans la feuille de détail, la portion où se trouve la rue. Celle de sa direction par rapport à la Seine fixe le sens dans lequel il faut regarder, à l'exclusion des autres rues différemment dirigées. Enfin, la connaissance du tenant et de l'aboutissant donne deux noms nouveaux, contigus au nom cherché, de telle sorte que, tombant sur l'un quelconque de ces trois noms, les deux autres se voient en même temps.

2° *Reconnaître le point où l'on se trouve.* — Le voyageur égaré dans Paris regardera le nom de la rue où il se trouve et la cherchera dans la nomenclature. — La seule flèche de direction lui fera de suite connaître s'il se trouve sur la rive droite ou sur la rive gauche, si la rue est parallèle ou perpendiculaire à la Seine, inclinée vers l'amont ou vers l'aval. — Reconnaissant ensuite le sens des numéros, il saura dans quel sens il doit se diriger, en se rappelant que les numéros croissent ou décroissent suivant qu'on s'écarte ou qu'on se rapproche de la Seine, qu'on en suit ou qu'on en remonte le cours.

3° *Se rendre à pied d'un point quelconque à un autre.* — On reconnaît le point où l'on se trouve et celui où l'on veut aller. — Si ces deux points sont dans la même feuille de détail, on détermine immédiatement dans leur ordre les rues que l'on doit traverser pour les joindre par le plus court chemin. — S'ils sont dans deux feuilles contiguës, les recouvrements permettent de passer facilement de l'un à l'autre. — Si enfin les deux points sont situés dans deux feuilles séparées, on a recours au plan d'ensemble pour reconnaître les positions respectives de ces feuilles et les joindre par l'une quelconque des grandes artères faciles à reconnaître, comme les boulevarts, les quais, etc.

4° *Chercher un omnibus allant dans une direction donnée.* — Après avoir reconnu sur le plan le point où l'on se trouve, on voit par les traits de force quelles sont les rues voisines où passent des omnibus, et, au moyen de la nomenclature, on détermine quel est l'omnibus le plus voisin qui va dans la direction désirée. — A l'aide de la nomen-clature seule, il faut d'abord regarder s'il passe un ou plusieurs omnibus dans la rue, à ses extrémités ou dans le courant de sa lon-gueur, et à défaut se reporter aux tenants et aboutissants. On remontera ainsi de pro-che en proche, jusqu'aux principales rues et l'on choisira l'omnibus convenable.

5° *Prendre un omnibus.* — Pour prendre un omnibus il faut observer le sens dans le-quel il doit marcher, afin de ne pas s'expo-ser à aller dans la direction contraire. — Dans la nomenclature, le sens du trajet di-rect est fixé, par rapport aux numéros de la rue, par une flèche qui indique si l'omnibus doit la remonter ou la descendre en se ren-dant de son point de départ à son point d'arrivée. On connaît, d'autre part, par la table des routes, quels sont ces points pour chaque ligne. — Lors donc qu'un omnibus marche dans tel ou tel sens, par rapport aux numéros d'une rue quelconque, on sait à l'instant même s'il va ou *revient*, et quel est le point vers lequel il se dirige actuelle-ment.

6° *Aller en omnibus d'un point quelcon-que à un autre, directement ou par corres-pondance.* — On reconnaît d'abord les deux points. On cherche ensuite les omnibus qui passent auprès de l'un et de l'autre. — Si un même omnibus les joint tous les deux, ou en passe seulement à petite distance, c'est celui qu'il convient de prendre. — Si les omnibus sont différents, on cherche dans la carte des omnibus les noms des bureaux de correspondances intermédiaires. On se re-porte à ces mêmes bureaux dans la table des correspondances, et l'on choisit les voi-tures correspondantes qui joignent les deux points par le plus court chemin. — Il n'ar-rive pas toujours qu'on puisse aller ainsi d'un point à un autre par voie de corres-pondance. Il faut alors, si l'on veut, pren-dre les deux omnibus les plus rapprochés.

NOMENCLATURE DES RUES, PLACES, PASSAGES

ET VOIES PUBLIQUES DIVERSES.

Abbaye-St-G., pass., 9. | Mon., Ste MARGUERITE=*Four.* ‖ VII‡.

Abbaye, r. et pl., 9. | Mon., *Echaudé*= BONAPARTE.

Abbé-de-l'Epée, 10. | Obs., St JAC-QUES=ENFER. ‖ RJ‡, DE‡.

Abbeville, 4. | Haut., LAFAYETTE= Rocroi, ‖ NS‡.

Aguesseau, 3. | Présid., F. St HO-NORÉ=*Suresne.* ‖ MN‡, FR‡, LL‡.

Aiguillerie, 1. ‖ Halles, StDENIS= *Ste Opportune.* ‖ CC‡, DE‡.

Albouy, 5. | F. StM., *Marais*=*Vinai-griers.*

Alger, 1. | Tuil., RIVOLI=StHONORÉ. ‖ FR‡, LN‡.

Alibert, 5. | Douane, *Jemmapes*=*Bi-chat.*

Aligre, 6. | F. St A., CHARENTON= Beauveau, pl. ‖ CC‡.

Amandiers, barr. et ch. de ronde, 6. | Pop.

Amandiers, 6. | Pop., *Popincourt*= Amandiers, barr.

Amandiers, pass. 6. | Pop., Aman-diers=*Nve StMaur.*

Amandiers, 7. | Pl. Maub., *Montagne* =Sept-Voies.

Amboise, 4. | Op., RICHELIEU=*Fa-vart.* ‖ OB‡.

Ambroise-Paré, 4. | Haut., Bouvines =Rocroy.

Amélie, 8. | Inv., St DOMINIQUE=*Gre-nelle.* ‖ BI‡.

Amelot, 6. | Pop., *Valmy*=*StSébas-tien*

Amsterdam, 3. | Roule, St LAZARE= CLICHY. ‖ BM‡, VII‡, LL‡, RB‡, BE‡.

Ancien Grand-Cerf, pass., 1. | StSau-veur, StDENIS=Deux Portes. ‖ FR‡, DE‡.

ANCIENNE-COMÉDIE, 7. 9. | Mon., Ec de M.: CARR. BUSSY=ECOLE DE MÉ-DECINE. ‖ DamVS→, FavVII←, Fav NS→. | BI‡.

Ancre, pas., 2. | Brg l'Ab., St MAR-TIN=*Bourg l'Abbé.* ‖ VS‡, NC‡.

Angivilliers, 1. | Louvre, *Poulies*= *Oratoire.* ‖ BL‡, NS‡, GR‡.

Anglade, 1. | Pal. R., Evêque=*Fon-taine-Molière.*

Anglais, 7. | Pl. Maub., GALANDE= NOYERS. ‖ FM‡, BI‡.

Anglaises, 10. | St M., Lourcine=Ch de l'Alouette.

Angoulême, pas., 5. | Théâtres. *Mé-nilmontant*=*Angoulême.*

Angoulême, r. et pl., 5. | Théâtres. B. DU TEMPLE=Trois-Bornes. ‖ B‡.

Anjou, quai, 2. | Iles. ‖ BI‡, MC‡.

Anjou, 2. | Arch. *Charlot*=*Enfants Rouges.*

Anjou, 9. | Mon., DAUPHINE=*Nevers.* ‖ VII‡, NS‡.

Anjou, 3. | Présid., F. St HONORÉ= *Pépinière.* ‖ MN‡, FR‡, LL‡.

ANTIN, avenue et imp., 8. | Ch. El., COURS LA REINE=CH. ELYSÉES. ‖ OmnCP→, Conférence—Jean Goujon. | LN‡, LL‡.

Antin, cité et pas., 4. | Op., CHAUS-SÉE-D'ANTIN=PROVENCE. ‖ CC‡, RB‡, PP‡.

ANTIN, 1. | Ital., NVE PTS CHAMPS= PORT MAHON. ‖ OmnCC→, Nre Petits Champs—Nve St Augustin. | BM Nve St Au-gustin, VII‡, RB‡.

Antoine-Dubois, 7. | Ec. de M., ECOLE DE MÉDECINE=*Monsieur le Prince.* ‖ BI‡.

Arbalète, 10. | Obs., *Mouffetard*= Charbonniers.

ARBRE-SEC, 1. | Louvre, ECOLE, pl. =St HONORÉ. ‖ HirJR←, ParTP→, ←FavFM. | FR‡.

ARCADE, 3. | Mad. Présid.: Males-herbes=St LAZARE. ‖ ConstLL←, St Lazare—Nve Mathurins | BM‡.

Arche-Marion et Arche-Pepin, 1. | Louvre, MÉGISSERIE=St Germain. ‖ TR‡, BV‡, JR‡.

Archevéché, pont, 2, 10. | Iles, J. des Pl. ‖ GR‡.

Archevêché, quai, 2. | Iles.

Arcole, pont, 2. | Iles. ‖ TR‡, BL‡, BD‡.

Arcole, 2. | Iles. *Napoléon*, qu.=Cl. Notre Dame.

Argenteuil, 1. | Pal. R., *Frondeurs* =St ROCH. ‖ RB‡.

Arras, 2. | J. des Pl., St VICTOR= Clopin. ‖ FM‡.

Arsenal, pl., 2. | Ars., Cerisaie=*Or-mes.*

Arts, 2. | Brg l'Ab., Métiers=Lai-terie.

Arts, pont, 1. | Louvre, Mon. ‖ TR‡, TP‡, LV‡.

Asile, 6. | Pop., Mouffle=*Popin-court.*

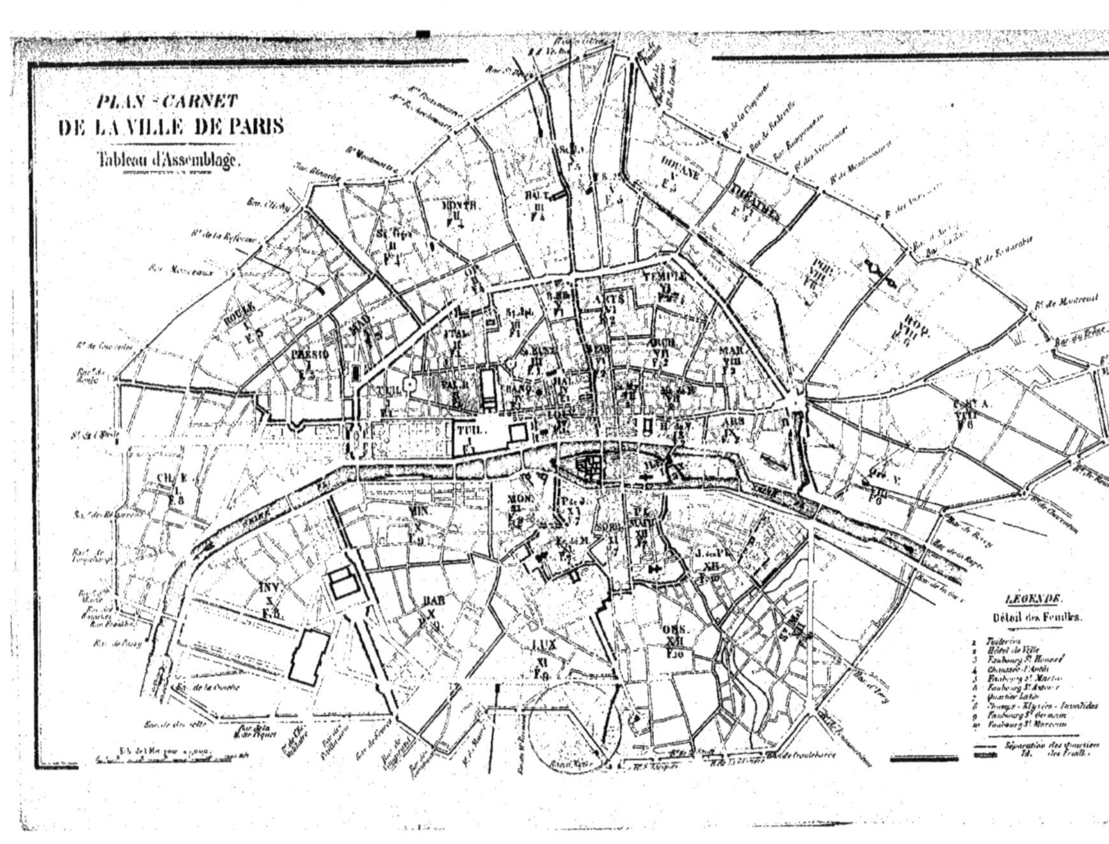

PLAN-CARNET
DE LA VILLE DE PARIS
Tableau d'Assemblage.

LÉGENDE.
Détail des Feuilles.
1 Tuileries
2 Hôtel de Ville
3 Faubourg St Honoré
4 Chaussée d'Antin
5 Faubourg St Martin
6 Faubourg St Antoine
7 Quartier Latin
8 Champs-Élysées-Invalides
9 Faubourg St Germain
10 Faubourg St Marceau

Séparation des Quartiers
Id.   des Feuilles

INSTRUCTION SPÉCIALE SUR LA NOMENCLATURE DES RUES,

Division générale des Indications.

La nomenclature du Plan-Carnet contient en général, pour chaque rue ou voie quelconque, deux systèmes principaux d'indication : le premier (I) concernant la POSITION TOPOGRAPHIQUE, le second (II) le MOUVEMENT DES OMNIBUS. Ils sont séparés l'un de l'autre par le signe (‖).

Ces deux systèmes se décomposent eux-mêmes en deux groupes particuliers.

Les indications TOPOGRAPHIQUES (I) contiennent d'une part (a) la direction de la rue par rapport à la Seine, son nom et le numéro de sa feuille de détail; de l'autre (b), le nom du quartier, ainsi que celui de ses tenants et aboutissants. Un trait vertical (|) sépare ces deux premiers groupes.

Les indications relatives au MOUVEMENT DES OMNIBUS (II) contiennent d'une part (c) les Omnibus qui parcourent la rue en totalité ou en partie seulement, et d'autre part (d) ceux qui ne font que la toucher ou la traverser. Ces deux autres groupes sont également séparés par le signe (|).

I. Indications topographiques.

a. Direction et position générales de la rue.

1° *Flèches de direction.* La direction d'une rue par rapport à la Seine, et sa position sur l'une ou l'autre rive, sont représentées par une flèche placée avant. L'inclinaison de la flèche marque sa direction principale. Sa position sur l'une des deux rives est caractérisée par le sens de la pointe.

	Rive droite.	gauche.
Rue parallèle à la Seine		
— perpendiculaire		
— incliné vers l'amont		
— vers l'aval		

2° *Caractères conventionnels des noms de rues, tenants et aboutissants*

Noms en CAPITALES, rues parcourues en tout ou en partie par une ou plusieurs lignes.
— en *Italiques*, rues simplement touchées ou traversées.
— en Romain, rues sans omnibus.

3° *Numéros des feuilles de détail.* Chiffre arabe après le nom de la rue. Il y en a un ou plusieurs, selon que la rue se trouve dans une ou plusieurs feuilles à la fois.

Exemple (a), rue Croix des Petits Champs :

↑ CROIX DES PETITS-CHAMPS, 1.

La rue Croix-des-Petits-Champs est *perpendiculaire* à la Seine et sur la rive *droite.* Il y passe un ou plusieurs omnibus. Elle se trouve dans la feuille n° 1.

b. Quartiers, tenants et aboutissants.

1° *Quartiers.* L'indication du ou des quartiers sert surtout à limiter la portion de feuille où l'on doit chercher la rue. Elle est presque toujours écrite en abrégé. Voy. la Table.

2° *Tenants et aboutissants.* Le tenant et l'aboutissant de chaque rue forment deux mots liés par le signe =. En lisant, on met *commence* devant le premier, et *finit* devant le second. Ils servent à préciser définitivement le point de la carte où se trouve la rue cherchée.

Exemple (b), rue *Croix des Petits Champs* :
Banque, St-Eust. : St-HONORÉ = VICTOIRES, pl.

La rue Croix-des-Petits-Champs appartient aux quartiers de la Banque et de S.-Eustache. Elle commence rue St-Honoré et finit place des Victoires.

II. Mouvement des omnibus.

c. Omnibus parcourant la rue en tout ou en partie.

1° *Indication des voitures.* Nom abrégé de l'entreprise joint aux deux initiales des points de départ et d'arrivée.

2° *Sens du trajet direct,* par rapport à celui des numéros de la rue. Flèche horizontale placée immédiatement *après* l'indication de l'omnibus

→ même sens, ← sens inverse.

3° *Aller ou retour seul.* Quand l'omnibus ne parcourt la rue que dans un *seul sens,* en *allant* ou *retournant,* on met une flèche horizontale placée immédiatement *avant.*

→ aller, ← retour.

4° *Parcours partiel.* Quand un omnibus ne parcourt pas la rue en entier, on ajoute les noms des rues par lesquelles il entre et sort.

ParPP→, Grenelle—qu. d'Orsay.

5° *Aller et retour partiels et différents.* On met en deux lignes les noms des rues par où l'omnibus entre et sort à chaque trajet.

Exemple (c), rue du Faub. Montmartre :

FavFM →, FavNS ←, Bergère—boul. Montmartre. HirJR→, boul. Montmartre—Cadet.

La FavFM (Fontainebleau—Martyrs) parcourt en entier la rue du Faub. Montmartre et va dans le sens des numéros. La FavNS (Nord—Sulpice) la descend depuis la rue Bergère jusqu'au boul. Montmartre. Au contraire, l'HirJR (St-Jacques—Rochechouart) la *remonte* du boul. Montmartre à la rue Cadet.

Si la FavFM, par exemple, ne l'avait parcourue qu'en *allant* seulement ou *retournant,* on aurait écrit : →, ou ← FavFM.

Si, enfin, entrant par le boul. Montmartre et sortant par la rue Cadet, l'HirJR, au retour, rentrait par la rue Bergère et sortait par le boul. Montmartre, on écrirait : HirJR →boul. Montmartre—Cadet. ←-Bergère—boul. Montmartre.

d. Omnibus touchant ou traversant seulement.

1° *Indication* Ici les Omnibus ne sont plus indiqués que par les deux seules initiales de la direction. *Voy.* la Table.

2° *Omnibus passant dans les bouts.* Flèche verticale placée à côté.

↓ passe au commencement, ↑ passe à la fin.
↑↓ passe successivement aux deux bouts.

3° *Omnibus traversant.* Il y a deux cas :

1er. Croisement par une seule rue. On substitue à la flèche le nom de la rue qui croise.

2e. Croisement par deux rues aboutissantes. On met les deux noms l'un sur l'autre.

Exemple (d), rue du Faub. Montmartre :

B↓, LG↓, PP, Provence. LL↑ Richer.

L'omB (Boulevarts) et la DamLG (St-Laurent—Grenelle) passent au *commencement* de la rue du Faub.-Montmartre. La ParPP (Panthéon—Poissonnière) la *traverse* en passant de la rue de Provence à la rue Richer. La ConstLL (St-Laurent—Longchamps) passe à la *fin.*

Si la rue de Provence avait seule croisé la rue du Faub.-Montmartre, on aurait simplement écrit : PP Provence.

TABLE DES QUARTIERS ET DE LEURS ABBRÉVIATIONS.

(Chiffres romains, no des arrondissements; Chiffres arabes, no des feuilles de détail.)

Archives, VII, 2. Arch.	Invalides, X, 8. Inv.	Popincourt, VIII, 6. Pop.
Arsenal IX, 2. Ars.	Italiens, II, 1. Ital.	Présidence, I, 3. Présid.
Arts et Métiers, VI, 2. Arts.	J. des Plantes, XII, 10. J.-des-Pl.	Quinze-Vingts, VIII, 7. Qze V.
Babylone, X, 9. Bab.	Louvre, IV, 1. Louvre.	Roquette, VIII, 6. Roq.
Banque, IV, 1. Banq.	Luxembourg, XI, 9. Lux.	Roule, I, 3. Roule.
Bonne-Nouvelle, V, 1. B.-Nlle.	Madeleine, I, 3. Mad.	St-Eustache, III, 1. St-Eust.
Bourg l'Abbé, VI, 2. B.-l'Ab.	Marais, V, 2. Mar.	St-Georges, II, 4. St-Ges.
Champs-Elysées, I, 8. Ch.-El.	Ministères, X, 9. Min.	St-Joseph, III, 1. St-Jph.
Douane, V, 5. Douane.	Monnaie, X, 9. Mon.	St-Laurent, V, 5. St-L.
Ecole de-Médecine, XI, 7. Ec.-de-M.	Mont-de-Piété, VII, 2. Mt-de-P.	St-Marcel, XII, 10. St-Ml.
Faub.-St-Antoine, VIII, 6. F.-St-A.	Montholon, II, 4. Month.	St-Méry, VII, 2. St-My.
Faub.-St-Martin, V, 5. F.-St-M.	Observatoire, XII, 10. Obs.	St-Sauveur, V, 1. St-Sr.
Halles, IV, 1. Halles.	Opéra, II, 4. Op.	Sorbonne, XI, 7. Sorb.
Hauteville, III, 4. Haut.	Palais-de-Justice, XI, 7. P.-de-J.	Temple, VI, 2. Temple.
Hôtel-de-Ville, IX, 2. H.-de-V.	Palais-Royal, II, 1. Pal.-R.	Théâtres, VI, 5. Theatr.
Iles, IX, 2. Iles.	Place Maubert, XII, 7. Pl. Maub.	Tuileries, I, 1. Tuil.

Assas, 9. | Lux. CHERCHE MIDI= VAUGIRARD. ‖TP↓, LV↑.

Astorg, 3. | Présid., Roule : Ville-l'Evêque=Pépinière.

Athènes, pas., 1. | Banque, St Ho-NORÉ=Cl. St Honoré.

Aubert, pas., 1. | B. Nlle, St DENIS= Ste-Foy. ‖ DE↓.

Aubry le Boucher, 2. | Brg l'Ab., St MARTIN=St DENIS. ‖VS↑, DE↑.

AUGUSTINS, quai, 7. | Ec. de M., Gaz GR→, ParLV→. ‖VS↑, DE↑, VIII↑, FM↑, NS↑, JR↑, TP↑.

Aumaire, 2. | Arts, Volta=St MAR-TIN. ‖ VS↑, MC↑.

Aumale, 4. | St Georges, St Georges =La Rochefoucault.

AUNAY, barr. et ch. de ronde, 6. | Pop. ‖OmnLB.

Austerlitz, pont, 6. | Qze V. St M. ‖ BB↑, GR↑.

AUSTERLITZ, quai, 10. | St Marcel. ‖ GazGR→, Gare=Jouffroy.

Austerlitz, 8. | Inv., q. d'Orsay= GRENELLE. ‖LG↑, BI St Dominique.

Austerlitz, 10. | St M↑, Ivry=Hôpi-tal, boul.

Auvergnats, pas., 6. | Roq., F. St ANTOINE=cour St Louis. ‖ TR↑.

Babille, 1. | Banque, Deux-Ecus= Viarmes.

Babylone, 9. | Bab., BAC=Invalides, boul. ‖ MM↑.

Bac, p. r., 9. | Bab., SÈVRES=Cher-che-Midi. ‖VII↑, TP↑.

BAC, 9. | Min., Bab., PONT ROYAL= SÈVRES. ‖ DamLG→, p. Royal=St Do-minique, TrieMM→. | OB↑, VII↑, BI St Dominique, PP Grenelle.

Bagneux, 9. | Bab., Cherche-Midi= VAUGIRARD. ‖ LV↑.

Baillet, 1. | Lvre, MONNAIE=ARBRE SEC. ‖ VII↑, FM↑, JR↑, TP↑.

Bailleul, 1. | Lvre, ARBRE SEC= Poulies. ‖ JR↑, TP↑.

Baillif, 1. | Bque, BONS ENFANTS= CROIX DES PETITS CHAMPS. ‖ BM↑, MM↑, VIII↑, NS↑, JR↑, TP↑.

Baillon, cour, 8. | Inv., Université =St DOMINIQUE. ‖ BI↑.

Bailly, 2. | Arts, St Paxent=Henry.

Ballets, 2. | Mt de P., St ANTOINE= Pavée. ‖TR↑, CC↑, BI↑, LV↑.

Balzac, 8. | Ch. El., CH. ELYSÉES= F. St HONORÉ. ‖ MN↑, FR↑.

Banque, 1. | St Jph. NVE PETITS CHAMPS=FILLES St THOMAS. ‖VIII↑, JR↑, BM↑, NS↑.

Banquet, 8. | Ch. El., Banquet, barr. =CH. ELYSÉES. ‖ LN↑.

Banquier, 10. | St M↑, Marché aux Chevaux=MOUFFETARD. ‖FM↑.

Barbet de Jouy, 9. | Bab., Varennes =Babylone.

Barbette, 2. | Mar., Trois Pavillons =Vlle du Temple.

BARILLERIE, 2. | Iles, Pal. de J.: PONT AU CHANGE=PONT St MICHEL. ‖ DamVS→, FavDE→, HirJR←. | FM↑, BD↑.

Barnabites, cour et pas., 2. | Iles, Constantine=Calandre.

Barouillère, 9. | Bab., SÈVRES= Cherche-Midi. ‖ MM↑, VII↑.

Barres, 2. | H. de V., Hôtel de Ville =BAUDOYER, pl. ‖ BI↑, CC↑, MC↑.

Barrés, 2. | Ars., St Paul=Hôtel de Ville. ‖BL.

Barrière-des-Gobelins, 10. | St M↑ Ch. de ronde=Hôpital, boul.

Barrois, pas., 2. | Arts, Gravilliers =Aumaire.

Barthélemy, S. | Inv., Breteuil, av. =Ch. de ronde.

Basfour, imp. et pas., 2. | Brg l'Ab., pas St Denis=St DENIS. ‖ DE↓.

Basfroid, 6. | Roq., Charonne=Ro-QUETTE ‖LB↑.

Basse-des-Carmes, 7. | Pl. Maubert, Montagne=Carmes.

Basse-du-Rempart, 3. | Mad., CH. D'ANTIN = MADELEINE, pl. ‖ VII↑, Caumartin, RB↑, PP↑, CC↑, BM↑, BH↑.

Basse-St-Pierre, 8. | Ch. El., quai BILLY=CHAILLOT. ‖ CP↑, LL↑.

Basse-des-Ursins, 2. | Iles, Arcole= Chantres.

Bassins, 8. | Ch. El., Bassins, barr.= Newton.

Bassompierre, 2. | Ars., Bourdon, boul.=Ormes.

Bastille, pl. 2, 6. | Qze V., F. St A., Roq., Pop., Mar., Ars.: St AN-TOINE, Bourdon-boul, CHARENTON, FBG St ANTOINE, ROQUETTE, Jem-mapes-qu., Valmy-qu., BEAUMAR-CHAIS, boul. ‖OmnB→, OmnTR→, OmnBB←, OmnBM→, OmnLB←, OmnCC→, BéarnBl→, ParLV→.

Batailles, carr., 8. | Ch. El., Ba-tailles, Gasté, CHAILLOT, Croix-Boissière, Carrières, LONGCHAMPS. ‖ LL.

Batailles, 8. | Ch. El., LONGCHAMPS =Batailles, barr. ‖ LL↑.

Battoir, 10. | J. des Pl., Copeau= Puits-l'Hermite.

BAUDOYER, pl., 2. | H. de V., Pour-tour=St ANTOINE. ‖ OmnCC←, Hir MC←.

Bayard, 8. | Ch. El., Cours la Reine =Montaigne, av. ‖CP↑.

Bayard, 8. | Inv., Kléber=Dugues-clin.

Bazar-de-l'Industrie, pas, 1. | St Jph, MONTMARTRE=POISSONNIÈRE, boul. ‖B↑, LG↓↑, FM↑, NS↑.

Beaubourg, 2. | St Mry, Arch., Arts: Simon le Franc=Réaumur. ‖ FR↑, BM et MC, Rambuteau.

Beauce, 2. | Arch., Anjou=BRETA-GNE. ‖ FR↑.

Beaucourt, av., 3. | Roule, R. du F. St HONORÉ. ‖ MN↑, FR↑.

Beaufort, pas., 2. | Brg l'Ab., Quin-campoix=Salle au Comte.

Beaujolais, 2. | Tple, BRETAGNE= Rotonde, pl. ‖ FR↑.

Beaujolais, pas., 1. | Pal. R., Hoche =RICHELIEU. ‖ OB↑.

Beaujon, 8. | Ch. El., Oratoire=Ste Marie.

BEAUMARCHAIS, boul., 2, 6. | Mar., Pop : BASTILLE=FILLES DU CAL-VAIRE. ‖OmnB→, OmnBM→, Bas-tille-Pas de la Mule. | TR↑, LB↑, CC↑, BI↑, LV↑.

Beaune, 9. | Min., qu. VOLTAIRE= Université. ‖ OB↑.

Beauregard, 1. | Bne Nlle, POISSON-NIÈRE=Cléry. ‖ MM↑.

Beauregard, 4. | Month., Trudaine, av.

Beaurepaire, 1. | St Sauv., St DE-NIS=Montorgueil. ‖ FR↑, DE↑.

Beautreillis, 2. | Ars., Lions=St AN-TOINE. ‖TR↑, CC↑, BI↑, LV↑.

BEAUVEAU, pl., 3. | Présid., F. St HONORÉ, Saussayes, Miromenil, Marigny. ‖ OmnMN→ et FR→, ConstLL→.

Beaureau, r. et marché, 6. | F. St Ant., CHARENTON—Marché Beauveau. § CC†.

Beauvilliers, pas., 1 | Pal. R., Masséna—RICHELIEU. || OB†.

Beaux-Arts, 9. | Mon., Seine—BONAPARTE. || TP†, LV†.

Beccaria, 6. | Qze Vgts, Traversière—Bethmont.

Bel-Air, av. 6. | F. St Ant., pl. du TRONE. || TR†.

Bellart, 8. | Inv., Paillassons—Sèvres, ch. de ronde.

BELLECHASSE, 9. | Min., qu. d'Orsay—Varennes. || DamLG ►, St Dominique—Grenelle. | B† St Dominique, PP† Grenelle.

Bellechasse, pl., 9 | Min., St DOMINIQUE, Cas. Périer, Martignac. Las Cases || B†.

Bellefond, 4 | Month., F. POISSONNIERE—ROCHECHOUART. || NS†, JR†, PP†.

BELLEVILLE, barr. et ch. de ronde, 5. | Théâtres, Douane. || CitBD et BP, ExcBE.

Bellièrre, 10 | St MI, AUSTERLITZ, qu., Gare. || GR†.

Bel-Respiro, av., 8. | Ch. El, Cu, ELYSÉES—Beaujon. || LN†.

Belzunce, 4. | Haut., Nord—Rocroy.

BERCY, barr. et ch. de ronde, 6. | Qze Vgts. || OmnBB.

Bercy, 2. | Mt de P., MARCHÉ St JEAN—Vieille du Temple. || CC†, MC†.

BERCY, 6. | Qze Vgts, BERCY, barr.—CONTRESCARPE, boul. ◄—OmnBB. | LV†, boul. Mazas.

Bergère, cité, 4. | Op., F. MONTMARTRE—BERGERE. || FM†, NS†, JR†.

BERGERE, 4. | Op., Fbg POISSONNIERE—F. MONTMARTRE. || FavNS ►. | FM†, JR†, LG†.

Bergère, gal. et pas., 4. | Op., Monthyon—Geoffroy Marie.

Berlin, 3. | Roule, CLICHY—Europe, pl. || RB†.

Bernardins, cloitre et pas., 10. | J. des Pl., Bernardins—PONTOISE. || B†.

Bernardins, 10. | J. des Pl., TOURNELLES, qu.—St VICTOR. || FM†, BF†, GR†.

Berryer, cité, 3. | Mad., ROYALE—MADELEINE. || MN†, FR†, LL†.

Berlin-Poirée, r. et pl., 1. | Lvre, MÉGISSERIE, qu.—RIVOLI. || TR†, BL†, JR†.

Bertrand, 9. | Bab., Eblé—SÈVRES. || VII†.

Bethmont, 6. | Qze Vgts. Mazas, boul.—CHARENTON. || CC†.

Béthune, quai, 2. | Iles. || B†, MC†.

Beurrière, 9. | Lux., FOUR—VIEUX COLOMBIER. || OB†, B†, PP†.

Bibliothèque, 1. | Lvre, ORATOIRE, pl.—St HONORÉ. || FR†, LN†, CC†, LG†, MM† GR†, JR†.

Bichat, 5. | Douane, F. DU TEMPLE—Grange aux Belles. || BD†, BP†.

Bienfaisance, 3. | Roule, ROCHER—Messine. || BM†.

Biette, pas., 5. | Théât., Ménilmontant—Crussol.

Bièvre, 10. | J. des Pl., pl. Maub., TOURNELLES, qu.—St VICTOR. || FM†, B†, GR†.

Billard, pas., 2 | Iles, Calandre—Marché Neuf.

Billettes, 2. | Mt. de P., VERRERIE—Ste CROIX BR. || CC†, MC†.

BILLY, quai, 8. | Ch. El. || OmnCP.

Biron, 10. | Obs., Santé—F. St JACQUES. || JR†.

Biragne, pl. 2. | Ars., Marais, Mt de P.: St ANTOINE, Culture Ste Catherine, Roi de Sicile. || OmnTR et CC ►, BéarnBl—ParLV.

Bizet, 8. | Ch. El, BILLY, qu.—CHAILLOT. || CP†, LL†.

BLANCHE, barr. et chem. de ronde, 4. | St Gges || OmnOB, ExcBE.

Blanche, 4. | St Gges, St LAZARE—BLANCHE, barr. || LL†, OB†, CC†, RB†, BE†.

Blancs-Manteaux, 2. | Mt. de P., Vlle du Temple—TEMPLE. || BD†, MC†.

BLEUE, 4. | Month., F. POISSONNIERE—CADET. || HirMC ►, ConstLL. Paradis—Papillon. | NS†, JR†, PP†.

Bochard de Saron, 4. | Month., Av. Trudaine.

Boileau, 7. | Pal. de J., ORFÈVRES, qu.—Ste Chapelle. || FM†.

Bois de Boulogne, pas., 5. | St L†, St DENIS, b..—F. St DENIS. || B†, MM†, DE†, BP†, MC†, TP†.

BONAPARTE, 9. | Mon., Lux.: quai Malaquais—Vaugirard. || ParTP ►, quai Malaquais—Jacob, ParPP ◄—St Sulpice—Four, ParLV ►—St Sulpice—Hon-Cheval—Vaugirard—St Sulpice. | VII Sainte Marguerite, OB et B† Saint Sulpice, Vx Colombier, VS et NS St Sulpice.

Bon-Puits, 10. | J. des Pl. St VICTOR—Traversine. || FM†.

Bondy, 5. | Douane, F. St Mart., F. DU TEMPLE—F. St Mart. || B†, VS†, BD†, BP†, MC†, TP†.

BONNE-NOUVELLE, boul. 4. | Bonne-Nlle, Hauteville: St DENIS, boul.—POISSONNIERE, boul. || OmnB ►, TricMM ►. | LG†, DE†, BP†, MC†, TP†.

Bons-Enfants, pas., 1. | Pal. R., BONS-ENFANTS—24 Février. || JR†.

BONS-ENFANTS, 1. | Pal. R., Banque: St HONORÉ—Baillif. || HirJR ►. | FR†, LN†, CC†, LG†, MM†.

Borda, 2. | Arts, Volta—Montgolfier.

Bossuet, 4. | Haut., LAFAYETTE—Belzunce. || NS†.

Boucher, 1. | Lvre., MONNAIE—Rivoli. || VII†, FM†.

Boucherie, 8. | Inv., qu. d'Orsay—St DOMINIQUE. || B†.

Boudreau 3. | Mad., Trudon—CAUMARTIN. || VII†.

Boufflers, gal. et pas., 4. | Op., Taitbout—Helder.

Boulangers, 10 | J. des Pl., St VICTOR—Fossés St Victor. || FM†, MC†.

Boule-Blanche, pas., 6. | F. St Ant., CHARENTON—F. St ANTOINE. || TR†, CC†.

Boule-Rouge, 4. | Op., Monthyon—RICHER. || PP†.

Boulets, 6. | Roq., Montreuil—Charonne.

Boulogne, 4. | St Gges, Blanche—CLICHY. || RB†.

Boulot, 1. | Banque, CROIX PETITS CHAMPS—COQUILLIERE. || BM†, LG†, MM†, VII†, NS†, TP†.

Bouquet-Longchamps, 8. | Ch. El, LONGCHAMPS—Croix-Boissière. || LL†.

Bouquet-des-Champs, 8. | Ch. El, LONGCHAMPS—ch. de ronde. || LL†.

Bourbon, quai, 2. | Iles. || B†, MC†.

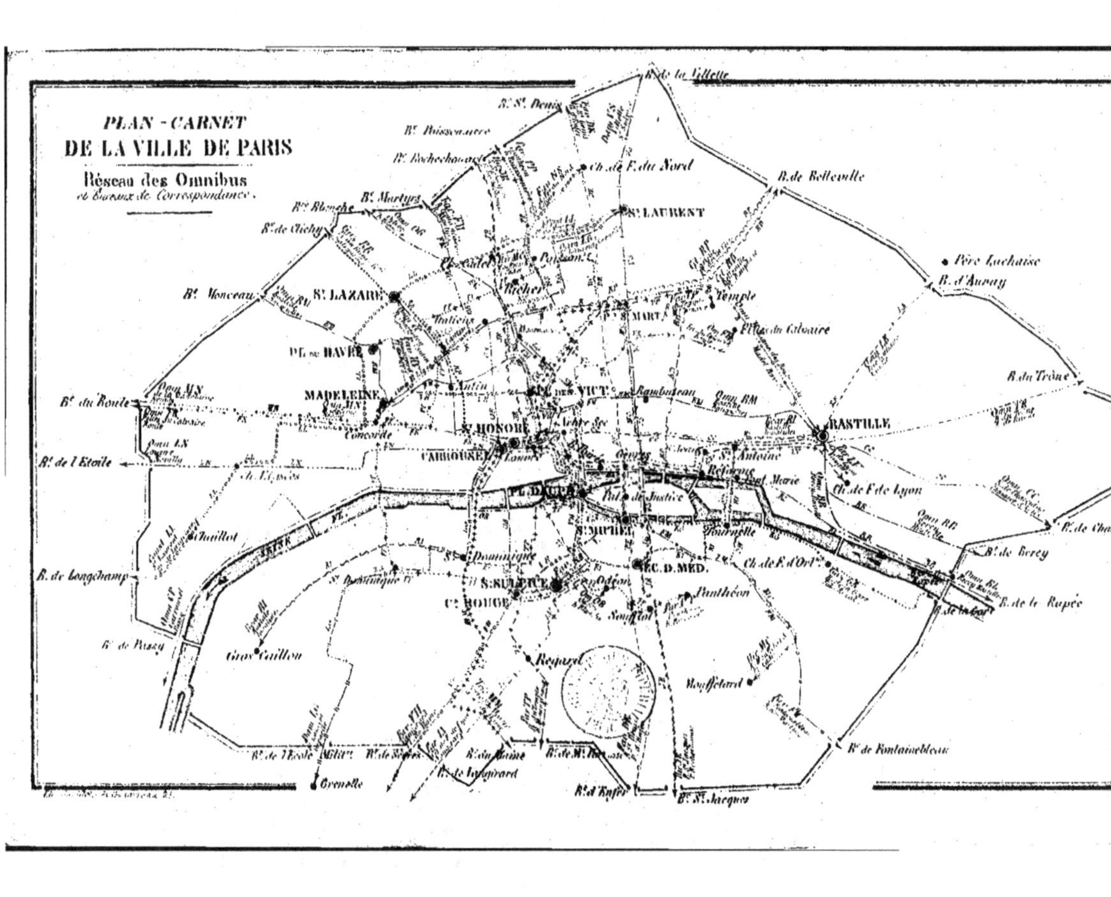

PLAN - CARNET
DE LA VILLE DE PARIS
Réseau des Omnibus
et Bureaux de Correspondance.
R. de la Villette
R. St Denis
B. Poissonnière
B. Rochechouart
Ch. de F. du Nord
R. de Belleville
B. Blanche
B. Martyrs
St LAURENT
B. de Clichy
Père Lachaise
B. Monceau
St LAZARE
R. d'Auray
Richer
Temple
PL. DU HAVRE
St MART
Filles du Calvaire
B. du Trône
B. du Roule
MADELEINE
PL. VICT.
Rambuteau
BASTILLE
St HONORÉ
Notre Dame
R. de l'Étoile
CARROUSEL
Antoine
Ch. de F. de Lyon
PL. DU LOUVRE
Pal. de Justice
R. de Char
St MICHEL
Tournelle
R. de Bercy
B. de Longchamp
St Dominique
ÉC. D. MÉD.
Ch. de F. d'Orl.
R. de la Rapée
S. SULPICE
Odéon
Panthéon
St de la Gare
C. ROUGE
Soufflot
B. de Passy
Gros Caillou
Regard
Mouffetard
R. de Fontainebleau
R. de l'École Milit.
R. de Sèvres
R. du Maine
R. M. le Prince
Grenelle
R. de Vaugirard
R. d'Enfer
B. St Jacques

INSTRUCTION SPÉCIALE SUR LE MOUVEMENT DES OMNIBUS.

I. Routes des Omnibus.

Chaque ligne d'Omnibus est définie :

1° Par le nom abrégé de l'entreprise ;

2° Par les deux initiales principales du départ et de l'arrivée (1) ;

3° Par les couleurs de ses feux distinctifs, le soir.

N. B. *Le point de départ de chaque ligne est toujours pris à l'amont, par rapport à sa direction projetée sur la Seine.*

Le trajet direct, l'*aller*, est défini par la série des rues parcourues entre les points de départ et d'arrivée. L'aller est toujours considéré comme le *trajet principal*, et, comme tel, détaillé en entier. Le *retour* s'en déduit en renversant simplement l'ordre des rues, sauf les différences, lorsqu'il y en a.

Les signes convenus pour indiquer les différentes circonstances des routes d'Omnibus sont les suivants :

→ Aller.

← Retour.

↔ Aller et retour.

[ ] Différence dans l'*aller* et le *retour*.

[ ] Différence dans le trajet du *dimanche* et celui de la *semaine*.

{ } Différence entre le trajet du *matin* et celui du *soir*.

* (Astérisque seul). Bureau de Correspondance ou d'attente situé dans une rue voisine, *en dehors de la ligne*.

II. Bureaux de Correspondance.

Les *Bureaux de Correspondance*, à moins qu'ils n'aient des noms particuliers, sont, en général, définis par le nom et le numéro des rues dans lesquelles ils se trouvent, ainsi que par les désignations des voitures qui s'y croisent.

Lorsque plusieurs Bureaux sont réunis sur un même point ou situés à peu de distance les uns des autres, leur réunion forme une STATION PRINCIPALE à laquelle se rattache chaque Bureau en particulier.

Tant dans le détail des routes que dans la table des correspondances, les Bureaux de correspondance ou d'attente sont indiqués en *italiques*, et les stations principales en CAPITALES.

III. Formules de Correspondances.

On distingue quatre espèces de Correspondances : (*a*) la Correspondance simple ; (*b*) la Correspondance réciproque ; (*c*) la Correspondance à pied par un bureau voisin, et (*d*) la double Correspondance. Signes convenus :

: Correspondance simple (*Donne*).

:: Correspondance réciproque (*Donne et reçoit*).

(a) Correspondance simple.

La voiture à gauche du signe (:) donne à la voiture de droite qui *reçoit sans donner*.

Ex. : Au bureau de la rue de *Rivoli* (CARROUSEL).

OmnCC : OmnOB

L'OmnCC (Charenton—Chaussée-d'Antin), allant ou retournant, *donne* la correspondance pour l'Odéon ou la barr. Blanche à l'OmnOB (Odéon—barr. Blanche), qui *reçoit sans donner*.

Autre Ex : Au même bureau :

OmnLN* : OmnFR*

L'OmnLN (Louvre-Neuilly), retournant de Neuilly au Louvre et arrivant au Carrousel, y donne la correspondance à l'OmnFR (Filles-du-Calvaire — Roule) retournant, et par conséquent

pour la seule direction du Carrousel aux Filles-du-Calvaire.

(b) Correspondance réciproque.

1° La voiture à gauche du signe (::) donne à la voiture de droite qui reçoit, et *réciproquement*.

Ex. : Au Bureau de la rue d'*Antin*, 112.

OmnBM :: OmnCC

L'OmnBM (Bastille-Monceaux), allant ou venant, correspond réciproquement au Bureau d'Antin avec l'OmnCC (Charenton—Chaussée d'Antin), également allant ou venant.

Autre Ex : Au Bureau du boulevard du *Temple*.

OmnB→ :: ParTP→

L'OmnB (Boulevards) arrivant de la Bastille au bureau du Temple, donne la Correspondance à la ParTP (Temple-Montparnasse), *allant* à Montparnasse, et *réciproquement* la ParTP, *retournant* au Temple, donne la correspondance à l'OmnB, *retournant* à la Bastille.

2° Lorsque dans un croisement de plusieurs voitures les Correspondances sont toutes réciproques ou seulement réciproques entre quelques-unes, le signe :: répété entre toutes les voitures correspondantes.

Ex. : Au Bureau de l'*Arbre-Sec*.

OmnFR :: OmnCC :: HirJR :: ParTP.

3° Lorsque plusieurs voitures de la même entreprise correspondent réciproquement dans un même bureau, l'indication abrégée de l'entreprise est seulement mise une fois en tête.

Ex. : Au Bureau du CARROUSEL (*Rivoli*, 1).

OmnCP :: FR :: OB :: TR.

4° Lorsque dans un même bureau plusieurs voitures, qui ne correspondent pas entre elles ou qui ont déjà été indiquées comme correspondantes, correspondent néanmoins avec une ou plusieurs autres voitures qui peuvent être également dans les mêmes conditions, cette circonstance s'indique par le seul signe :: placé entre les deux groupes de voitures.

Ex. : Au Bureau du quai de *Gèvres*, 4.

OmnBL, et TR :: DamVS et CitBD.

Les OmnBL (Bercy-Louvre) et TR (Trône-Rivoli) ne correspondent pas entre eux au bureau de Gèvres, non plus que les DamVS (Villette-St-Sulpice) et les CitBD (Belleville-pl. Dauphine) ; mais celles-ci individuellement correspondent avec ceux-là, et réciproquement.

(c) Correspondance à pied par un bureau voisin.

Elle s'indique par le signe de simple correspondance (:), en ajoutant à côté de la seconde voiture le nom du Bureau où il faut aller la prendre.

Ex. : Bur. de la *Banque* (P. DES VICTOIRES).

OmnBM : FavNS, *Croix-des-Petits-Champs*.

L'OmnBM (Bastille-Monceaux) donne la Correspondance à la FavNS (Nord-St-Sulpice) au Bureau de la rue Croix des Petits Champs, Bureau auquel le voyageur se rend à pied.

(d) Double Correspondance.

La double Correspondance s'indique par le signe (:), répété entre les deux changements et ajoutant après la seconde voiture le nom du bureau où elle doit être prise.

Ex. : Bur. du quai de quai de *Gèvres*, 4.

CitBD→ : OmnTR→ : OmnFR→, Rivoli.

La CitBD (Hauteville-pl. Dauphine), venant de Belleville, donne, par l'intermédiaire de l'OmnTR (Trône-Rivoli), la correspondance à l'OmnFR (Filles du Calvaire-Roule) *allant* du Carrousel au Roule.

(1) Excepté la ligne des boulevards, qui est indiquée par un seul B. Ex. : *OmnB*.

TABLE DES LIGNES D'OMNIBUS, PAR DIRECTIONS.

B (Omn), Boulevards	DE (Fav), St-Denis — Enfer	MM (Tric), P.-St-Martin — Maine
BB (Omn), Bercy-Bastille.	FM (Fav) Fontaine-l'eau-Martyrs	MN (Omn), Madeleine — Neuilly
BD (Cit), Belleville-Dauphine	FR (Omn), F.-du-Calv. — Roule	NS (Fav), Nord — St-Sulpice
BE (Exc), Belleville — Étoile	GR (Gaz), Gare — Palais-Roya.	OB (Omn), Odéon — barr. Blanche
BI (Béarn), Bastille — Invalides	JR (Hir), St-Jacq.-Rochechouart	PP (Par), Panthéon — Poissonnière
BL (Omn), Bercy — Louvre	LB (Omn), P.-Lachaise — Bastille	RB (Gaz), Pal.-Royal - Batignolles
BM (Omn), Bastille — Monceaux	LC (Dam) St-Laurent — Courcelle	TP (Par), Temple — Mont Parnasse
BP (Cit), Belleville — Petits-Pères	LL (Const), St-Laur.-Longchamps	TR (Omn), Trône — Rivoli
CC (Omn), Charenton Ch. d'Antin	LN (Omn), Louvre — Neuilly	VH (Fav), Vaugirard — pl. du Havre
CP (Omn), Carrousel — Passy	LV (Pac), Lyon — Vaugirard	VS (Dam), Villette — St-Sulpice
	MC (Hir) Mouffetard — Cadet	

Bourbon-le-Château,9. | Mon., *Bussy — Échaudé.*

BOURBON-VILLENEUVE, 1. | Bne-Nle, *Pt-Carreau — St DENIS.*‖ CitBP—, ParPP—.| DE‡.

BOURDALOUE, 1.| St Gges, *Olivier — St LAZARE.*‖ OmnOB—.| FM‡, LL‡.

Bourdon, boul.,2. | Ars., ‖B‡,| TR‡, BL‡, CC‡, BI‡, LV‡.

Bourdonnais, r. et imp., 1 | Louvre, Halles : MÉGISSERIE, qu. — Poterie. ‖ TR‡, BL‡, CC St Honoré, JR‡.

Bourg-l'Abbé, pas., 2. | Brg l'Abbé, *Bourg l'Abbé — St DENIS.* ‖ FR‡, DE‡.

Bourg-l'Abbé, 2. | Brg l'Ab., *Ours — GRENETAT.* ‖ FR‡.

BOURGOGNE, 9. | Min., qu. d'Orsay — Varennes.‖ Par PP—, Grenelle — quai d'Orsay.| LG Grenelle, BI St Dominique—

Bourguignons, 10. | Obs., Lourcine — Santé.

Boursault, 4. | St Georges, *Pigale — Blanche.*

BOURSE, pl., 1. | Ital : VIVIENNE, FILLES St THOMAS, *Bourse, Feydeau,* N. D. DES VICTOIRES, *Brongniart, Joquelet.*‖ OmnBM, FavNS, HirJR

BOURSE, 1. | Ital., VIVIENNE — RICHELIEU. ‖ —HirJR.| OB‡, NS.,

BOERTHOURG, 2. | Mt de P., MARCHÉ St JEAN — Ste CROIX BR. ‖ HirMC— | CC‡.

Boutarel, 2. | Iles, *quai d'Orléans — St Louis.*

Boutebrie, 7. | Sorb., *Parcheminerie — Noyers.*

Bouvines, 4. | Haut., *Dunkerque —* chem. de ronde.

Boyauderie, barr. et chem. de ronde, 5 | Douane. ‖ ExcBE.

Brady, pas., 5. | St La., F. St MARTIN — F. St DENIS. ‖ VS‡, DE‡, MC‡.

Braque, 2. | Arch., *Chaume — TEMPLE.* ‖ BD‡.

Breda, r. et pl., 4. | St Gges, N. D. DE LORETTE — *Laval.* ‖ OB‡.

Bretagne, cour, 5. | Douane, F. du TEMPLE — Buisson ‖ BD‡, BP‡.

BRETAGNE, 2. | Arch., Tple : *Filles du Calvaire — TEMPLE.* ‖ OmnFR— | BD‡.

Breteuil, av. et pl., 8, 9. | Inv., Bab.: pl. Vauban — SÈVRES. ‖ VII‡.

Breteuil, 2. | Arts, RÉAUMUR — Vaucanson. ‖ FR‡.

Bretonvilliers,2. | Iles, *Béthune,* qu. — St Louis.

Briare, imp. et pas., 4. | Month., ROCHECHOUART — LAMARTINE. ‖ JR‡, LL‡.

Brisemiche, 2. | St Méry, *Cloître St Méry — Nve St Méry.*

*Brissac,*2. | Ars., MORLAND, boul. — *Crillon.* ‖ BL‡.

Brongniart, 1. | St Jph., MONTMARTRE — *N. D. des Victoires.* ‖ LG‡ FM‡

Bruant, 10. | St Ml., Ch. de ronde — Deux-Moulins.

Bruxelles, 3, 4. | St Gges, Roule : BLANCHE, barr. — ROCHER. ‖ BM‡, RB Clichy, OB‡, BE‡.

Bucherie, 7. | Pl. Maub., *Haut-Pavé — PETIT PONT.* ‖ FM‡, JR‡.

Buffault, 4. | Month., F. MONTMARTRE — LAMARTINE. ‖ FM‡, LL‡.

Buffon, 10. | J. des Pl., St Marcel : GEOFFROY St Hil. — *Hôpital,* boul. ‖ FM‡, MC‡.

Buisson, 5. | Douane, *St Maur —* Chopinette, barr. ‖ BE‡.

Bussy, 9. | Mon., Ste MARGUERITE — BUSSY, carr.‖ VS‡, VII‡, NS‡, LV‡ Seine.

Bussy, carr., 9. | Mon., *Bussy, Mazarine,* DAUPHINE, St ANDRÉ DES ARTS, ANCIENNE-COMÉDIE. ‖ Dam VS, FavVII, FavNS.

Butte-Chaumont, 5. | Douane, F. St Mn : Boyauderie, barr. — F. St MARTIN. ‖ VS‡, BE‡.

Buttes, 6 | F. St Ant., *Reuilly — Picpus.*

Cadet, r. et pl., 4. | Month., F. MosT-MARTIN — LAMARTINE. ‖ Hir JR—, Hir MC —Bleue—pl. Cadet. | FM‡, PP‡, LL‡.

Caffarelli, 2. | Tple, BRETAGNE — Rotonde, pl. ‖ FR‡.

Caillard, pas., 6. | Roq., *Lappe —* cour Ste Marie.

Caire, r., pl. et pas., 1. | Bne-Nle, BOURBON-VILLENEUVE — St DENIS. ‖ DE‡, BP‡, TP‡.

Calais, 4. | St Gges, *Blanche — Vintimille.*

Calandre, 2. | Iles, CITÉ : BARILLERIE. ‖ VS‡, DE‡, JR‡, LV‡.

Cambrai, pl., 7 | Pl. Maub., St Jean de Latran — *St Jacques.*

Campagne-Première, 9 | Lux., Mt Parnasse, boul. — *Enfer,* boul.

Campio-Formio, 10. | St Ml., Ivry, barr. — *Hôpital,* boul.

Canal-St-Martin, 5. | F. St Mn, qu. Valmy — F. St MARTIN. ‖ VS‡.

Canettes, 7, 9. | Lux., Ec. de Mne : FOUR — St SULPICE, pl. ‖ OB‡, BI‡, LV‡, PP‡.

Canivet, 7. | Ec. de Mne, *Servandoni — Férou.*

CAPUCINES, boul., 1, 3. | Tuil., Mad. : ITALIENS, b. — MADELEINE, b. ‖ Omn B—, OmnBM—, Augustins — Madeleine, ParPP—, Paix — Chaussée d'Antin | CC‡, VII‡, RB‡.

Cardinal-Lemoine, 10. | J. des Pl., TOURNELLES, qu. — St Victor. ‖ FM‡, BI‡, GR‡, CM‡.

Cardinale, 9. | Mon., *Furstemberg — Abbaye.*

Cargaisons, 2. | Iles, *Calandre — Marché Neuf.*

CARMES, carr., 7. | Pl. Maub., St VICTOR, *Bièvre,* place MAUBERT, NOYERS, *Montagne Ste G.* ‖ Béarn BI, FavMF.

Carmes, 7. | Pl. Maub., NOYERS — St Hilaire. ‖ BI‡.

Carnot, 9. | Lux., *Ouest — N. D. des Champs.*

Caron, 2. | Mar., Ste Catherine, marché — Jarente.

Carpentier, 9. | Lux., *Gindre — Casselle.*

Carrières, 8. | Ch. El., LONGCHAMPS — Champs. ‖ LL‡.

CARROUSEL, pont, 1, 9. | Tuil., Min. ‖ TR‡, OB‡.

CARROUSEL, pl., 1. | Tuil. ‖ OmnTR, FR, LN, CC, OB et CP, GazGR et RB, DamLG, TricMM.

Casimir-Périer, 9. | Min., St DOMINIQUE — GRENELLE. ‖ LG‡, PP‡, BI‡.

Casselle, 9. | Lux., Vx COLOMBIER — VAUGIRARD. ‖ OB‡, BI‡, LV‡.

Cassini, 10. | Obs., F. St JACQUES — ENFER. ‖ JR‡, DE‡.

Castellane, 3. | Mad., TRONCHET — *Arcade.* ‖ BM‡.

Castex, 2. | Ars., Cerisaie — St ANTOINE. ‖ TR‡, CC‡, BI‡, LV‡.

CASTIGLIONE, 1. | Tuil., Pal. R.: RI-VOLI=St HONORÉ. || ParPP→, st Honoré—pl. Vendme. | LN↓.

CATINAT, 1. | Bqe., VRILLIÈRE=VIC-TOIRES, pl. || OmnBM→, TricMM←. | NS↑, BP↑, TP↑.

CAUMARTIN, 3. | Mad., Basse du Rempart = St LAZARE. || FavVII→. | B↓, BM↓, LL↑.

CÉLESTINS, quai, 2. | Ars., Petit Musc=St Paul. || OmnBL→.

Cendrier, 10. | St Ml, Marché aux Chevaux = FOSSÉS St MARCEL. || FM↑.

Censier, 10. | St Ml., G, St HILAIRE=Mouffetard. || FM↓, MC↓.

Centre, 8. | Ch. El., Oratoire=Balzac.

Cerisaie, 2. | Ars., Bourdon, boul.=Petit Musc.

César, pas., 8. | Inv., St Domq=GRENELLE. || BI↓, LG↓.

Chabannais, 1. | Ital., NVE PETITS CHAMPS=Rameau. || VII↓.

Chabrol, 4. | Haut., F. St MARTIN=LAFAYETTE. || VS↓, DE F. st Denis, NS↑, PP↑.

CHAILLOT, 8. | Ch. El., Batailles=CH. ELYSÉES. || ConstLL←. | LN↓.

Chaise, 9. | Bab., Min.: GRENELLE=SÈVRES || VII↓, PP↑.

Châlons, 6. | Qze Vgts, MAZAS, boul.=Rambouillet. || LV↓.

Champagny, 9. | Min., Cas. Périer=Martignac.

Champ-de-l'Alouette, 10. | St Ml, Lourcine=Croulebarbe.

Champ-de-Mars, 8. | Inv.

Champ-des-Capucins, r., et pl., 10. | Obs., Santé=St JACQUES. || JR↓.

Champ-de-Mars, 8. | Inv., Jussieu, cité=Labourdonnaie, av.

Champ-de-la-Vierge, 8. | Inv., Gre-nelle=LAMOTHE PIQUET, av. || LG↓.

Champs, 8. | Ch. El. Carrières—ch. de ronde.

CHAMPS ELYSÉES, av., 8. | Ch. El., CONCORDE, pl.=ÉTOILE, barr. || Omn LN→, ConstLL→, Matignon—Chaillot | PP↓.

Champs-Elysées, 3. | Présid., CON-CORDE, pl.=F. St HONORÉ. || LN↓, MN↓, FR↓, LL↓.

Chanaleilles, 9. | Bab., Vanneau=Barbet de Jouy.

CHANGE, pont, 1. 2. 7. | St Méry-Lvre, Iles-Pal. de J. || CitRD, HirJR←, FavDE→. | TR↓, BL↓, VS↓.

Chanoinesse, 2. | Iles, Cloître N. D.=Colombe.

Chantier, cour et pas., 6. | F. St A., CHARENTON=F. St ANTOINE. || TR↓, CC↓.

Chantiers, 10. | J. des Pl., FOSSÉS St BERNARD=Poissy. || MC↓.

Chantre, 1. | Lvre., RIVOLI=St HO-NORÉ. || FR↓, LN↓, CC↓, LG↓, MM↓, GR↓, JR↓.

Chantres, 2. | Iles, Basse des Ursins=Chanoinesse.

Chapelle, 5. | St Lt, Lafayette=ch. de ronde.

Chapon, 2. | Arch., Arts: TEMPLE=St MARTIN. || VS↓, BD↓, MC↓.

Chaptal, 4. | St Gges, FONTAINE=Blanche. || OB↓.

Charbonniers, 10. | Obs., Arbalète=Bourguignons.

CHARENTON, barr. et ch. de ronde, 6. | Qze Vgts. || OmnCC.

CHARENTON, 6. | Qze Vgts. F. St Ant.: BASTILLE = CHARENTON, barr. || OmnCC←. | B↓, BI↓, LV↓, BM↓ TR↓, BBS, LB↓.

Charité, 5. | St Lt, FIDÉLITÉ = St Laurent. || LG↓, LL↓.

Charlemagne, pas., 2. | Ars., Charle-magne=St ANTOINE. || TR↓, CC↓, BI↓, LV↓.

Charlemagne, 2. | Ars., St Paul=FOURCY. || BI↓.

Charlot, 2. | Arch., Quatre-Fils.=Temple, barr. || B↓, FR Bretagne.

Charnier des Innocents, pas., 1. | Halles, FERRONNERIE=Charnier. || CC↓.

Charonne, 6. | Roq., F. St ANTOINE=Fontarabie, barr || TR↓.

Charretière, 7. | Pl. Maub., St Hi-laire=Reims.

Chartres, 3. | Roule, Monceaux=Courcelles, barr. || DE↑.

Chastillon, 5. | Douane, Grange-aux-Belles: Ch. de ronde.

Châteaubriand, av., 8. | Ch. El., Bel Respiro=Oratoire.

Château-Landon, 5. | St Lt., F. St MARTIN=Vertus, barr. || VS↓.

Château-d'Eau, 5. | Douane, F. St Mn, St Lt: Donane=StDENIS, || VS F. St Martin, DE↓, MC↓.

CHATELET, pl., 1. 2. | Louvre = St Méry. || OmnTR et BL, FavDE, CitRD, HirJR.

Chauchat, 4. | Op., St Gges: Rossini=Victoire. || PP Provence

Chaudron, 5. | St Lt, F. St MARTIN=Château-Landon. || VS↓.

Chaume, 2. | Mont de P., Arch.: Blancs-Manteaux=Quatre-Fils. || BM Rambuteau.

CHAUSSÉE-D'ANTIN, 3, 4. | Mad., St Gges: ITALIENS=St LAZARE || Omn CC←, GazRB→, ParPP, Capucines—Provence. | B↓, LL↑.

Chaussée-des-Minimes, 2. | Mar., VOSGES, pl.=St Gilles. || BM↓.

Chausson, pass., 5. | F. St Mn, Châ-teau-d'Eau=Marais.

Chauveau-Lagarde, 3. | Mad., Ma-deleine, pl. = MADELEINE. || BM↓, LL↑.

Chemin-de-Laguy, 6. | F. St Ant., Ormeaux=Ormeaux, av.

Chemin-Vert, 6. | Pop., BEAUMAR-CHAIS, boul.=Popincourt. || B↓.

Chemin-Vicinal, 6. | F. St A. Pic-pus=TRONE, pl. || TR↓.

Cherubini, 1. | Ital. Chabannais=Ste-Anne.

CHERCHE-MIDI, 9. | Bab., Lux.: CROIX-ROUGE = VAUGIRARD, || Par TP→, Croix-Rouge—Regard. | OB↓, MM boul. Mont-Parnasse, VII↓, BI↓, PP↓, LN↓.

Cheval-Rouge, pas., 2. | Arts, St MARTIN=Ponceau. || MC↓, VS↓.

Cheval-Blanc, pas., 6. | Roq., BAS-TILLE = F. St ANTOINE. || B↓, BM↓, CC↓, TR↓, BB↓, LB↓, BI↓, LV↓.

Chevalier-du-Guet, pl. et imp., 1. | Perrin Gasselin=Chev. du Guet.

Chevalier-du-Guet, 1. | Lvre, Halles: Chev. du Guet, pl.=Lavandières.

Chevert, p. r., 8. | Inv., LAMOTHE PIQUET, av.=Chevert. | LG↓.

Chevert, 8. | Inv., Latour Mau-bourg, av.=Tourville, av.

Chevreuse, 9. | Lux., N. D. des Champs=Mt Parnasse, boul.

Childebert, 9. | Mon., Erfurth=Ste Marthe.

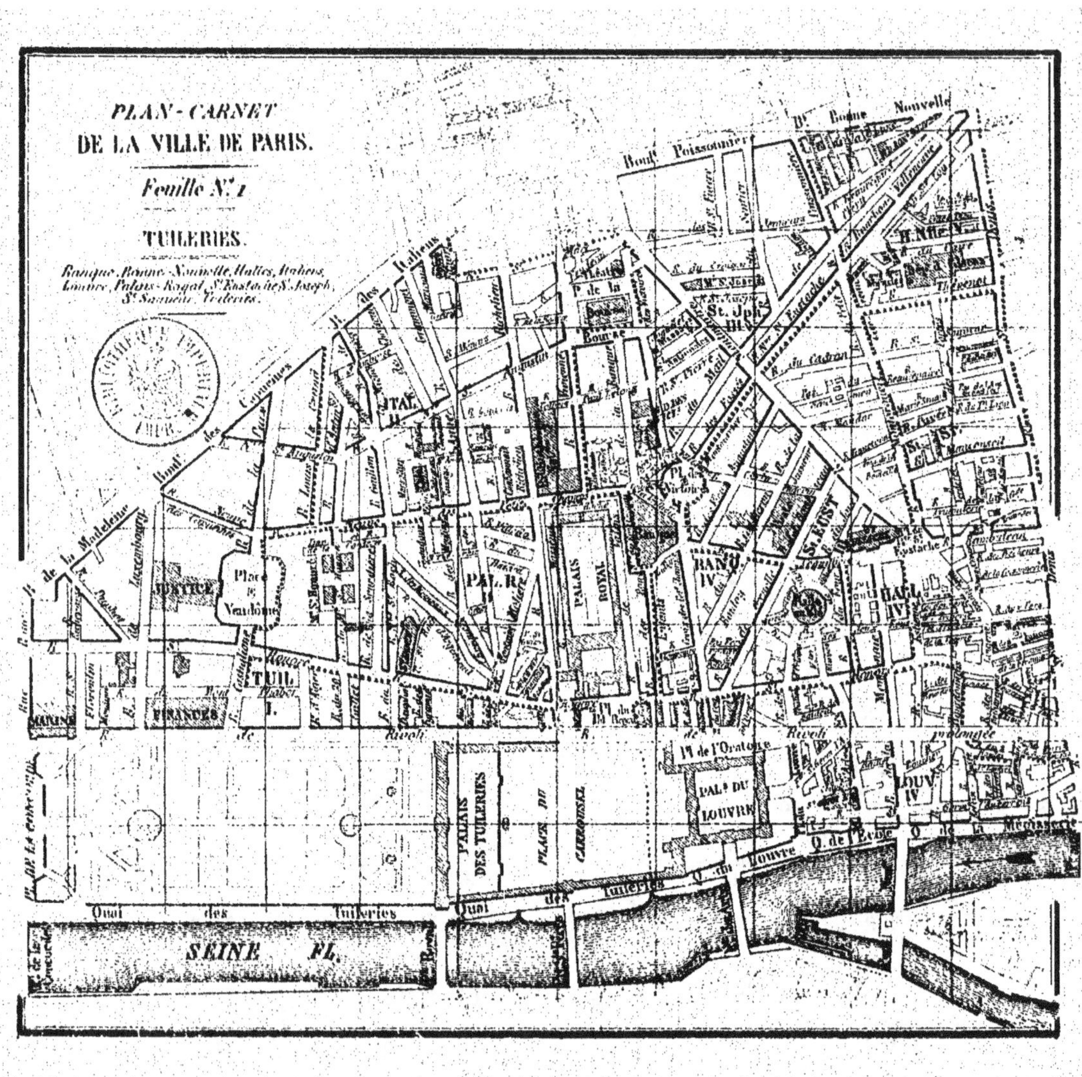

PLAN-CARNET
DE LA VILLE DE PARIS.
Feuille N.º 1
TUILERIES.
Banque, Bonne-Nouvelle, Halles, Italiens,
Louvre, Palais-Royal, St. Eustache, St. Joseph,
St. Sauveur, Tuileries.
Boul.ᵈ Poissonnier
Bonne Nouvelle
St. Jph.
St. EUST.
BANQ
PLACE
Vendôme
JUSTICE
FINANCES
TUIL.
de la Madeleine
PALAIS
ROYAL
PAL. R.
PAL.ᵈ DU
LOUVRE
LOUV.
de Rivoli
PALAIS DES TUILERIES
PLACE DU CARROUSEL
Q. du Louvre
Q. de l'Ecole
Q. de la Mégisserie
Quai des Tuileries
Quai des Tuileries
SEINE FL.

Chilpéric, 1. | Lvre., ARBRE SEC=St Germain l'A., pl. ‖ JR†, TP†.

† Choiseul, pas., 1. | Ital., NVE PTS CHAMPS=NVE St AUGUSTIN. ‖ BM† VIII†.

Choiseul, Ital., NVE St AUGUSTIN=ITALIENS. ‖ B†, BM†.

Chopinette, barr. et ch. de ronde, 5. | Douane. ‖ ExeBE.

Chopinette, 5. | Douane, St Maur=Chopinette, barr. ‖ BE†.

Christine, 7. | Ec. de Méd., Grands Augustins=DAUPHINE. ‖ VIII†, NS†.

Cimetière-St-Benoît, 7. | Pl. Maub., Fromentel=St Jacques.

Cirque, 3. | Présid., Gabrielle, av.=F. St HONORÉ. ‖ MN†, FR†, LN†, LL†.

Cisalpine, 3. | Roule, Monceaux=ROCHER. ‖ BM†.

Ciseaux, 9. | Mon., Ste MARGUERITE=FOUR. ‖ VIII†, PP†.

Cité, pont, 2. | Iles.

† CITÉ, 2. | Iles, Pelletier=PETIT-PONT. ‖ ParLV→. | VS†.

Claude-Vellefaux, 5 | Douane, Chopinette=Grange aux Belles.

Cité, 10. | J. des Pl., Copeau=Orléans.

Clément, 7. | Ec. de Méd., SEINE=Mabillon. ‖ LV†.

Cléry, 1. | St Jph, B. Nle: MONTMARTRE=BONNE NOUVELLE, boul—TrieMM←, Poissonnière—Montmartre. | B†, LG†, DE†, FM†.

Clichy, barr. et ch. de ronde. | Roule, St Georges. ‖ GazRB, ExeBE.

CLICHY, 3, 4. | Roule, St Gges: St LAZARE=CLICHY, barr. ‖ GazRB→. | CC†, LL†, BE†.

† Cloche-Perce, 2 | Mt de P., St ANTOINE=Roi de Sicile. ‖ CC†, TR†, LV†.

Cloître-Notre-Dame, 2. | Iles, Napoléon, qu.=Arcole.

Cloître-St-Benoît, pas., 9. | Mon., St-Germain-des-Prés, pl.=St BENOIT. ‖ TP†.

† Cloître St-Benoît, r. et pl., 7. | Sorb., MATHURINS=SORBONNE. ‖ B†, JR†.

† Cloître-St-Jacques-l'Hôpital, 1. | St Sauveur, Grande-Truanderie=MARCONSEIL. ‖ FR†.

Cloître-St-Méry, 2. | St Méry, Renard=St MARTIN. NS†.

Clopin, 12. | J. des Pl., Fossés St Victor=Arras.

Clos-Bruneau, 7. | Pl. Maub., Montagne=Carmes.

Clos-Georgeot, 1. | Pal. R., Fontaine Molière=Ste Anne.

† Clos-Payen, pas., 10 | St Ml. Petit Ch. de l'Alouette=Gobelins, barr.

† Clotaire, 7. | Pl. Maub., PANTHEON=Estrapade. | PP†.

† Clotilde, 7. | Pl. Maub., Ste GENEVIEVE, pl.=Vlle Estrapade. ‖ PP†.

Clovis, 7, 10. | J. des Pl., pl. Maub.: Fossés St Victor=Ste GENEVIEVE, pl. ‖ PP†.

† CLUNY, 7. | Sorb., SORBONNE, pl.=SOUFFLOT. ‖ HirJR←, Grès—Sorbonne. | PP†.

† Coeatrix, 2. | Iles, Constantine=Trois Canettes.

Cochin, 10. | St Ml, Pascal=Lourcine.

Colbert, pas., 1. | St Jph, NVE PTS CHAMPS=VIVIENNE. | VIII†, JR†.

Colbert, 1 | Ital., VIVIENNE=RICHELIEU. ‖ OB†, JR†.

Coligny, 2. | Ars., Henri IV, qu.=MORLAND, boul. ‖ BL†.

Elysée, 8. | Ch. El., Ch. ELYSÉES=F. St HONORÉ. ‖ MN†, FR†, LN†, LL†.

Collégiale, r. et pl., 10. | St Ml, Francs Bourgeois=St Marcel.

Colombe, 2. | Iles, Napoléon, qu.=Chanoinesse.

Colonnes, 1. | Ital., FILLES St THOMAS=Feydeau. ‖ BM†.

Combat, barr. et ch. de ronde, 5. | Douane. ‖ ExeBE.

Comète, 8. | Inv., St DOMINIQUE=GRENELLE. ‖ B†.

Commerce, cour, 8. | Ch. El. F. St HONORÉ=Réforme. ‖ MN†, FR†.

Commerce, cour et galerie, 7. | Ec. de Méd., St André des Arts=Ecole de Médecine. ‖ VS†, B†, NS et VII Ancienne Comédie.

Commerce, cour et pas., 2. | B. l'Ab., GRENETAT=St DENIS. ‖ FR†, DE†.

CONCORDE, pl., 8. | Ch. El., Tuil., Mad. ‖ OmnCP, OmnLN, ParPP.

CONCORDE, pont, 1, 8, 9. | Tuil. et Ch. El., Min. ‖ ParPP←. | CP†.

Condé, 7. | Ec. de Médec., ODÉON, Carr. = VAUGIRARD. ‖ OB†, VS†, NS†, B†, PP†.

CONFÉRENCE, quai, 8. | Ch. El. ‖ Omn CP→. | PP†.

Constantine, pont, 2, 10. | Iles, J. des Pl. ‖ GR†.

Constantine, 2. | Iles, Arcole=PALAIS DE JUSTICE, pl. ‖ VS†, DE†, LV Cité.

Constantinople, 3. | Roule, Europe, pl.=MONCEAUX, barr. ‖ BM†, BE†.

Conté, 2. | Arts, Montgolfier=Vaucanson.

CONTI, imp. et quai, 9. | Mon. ‖ Par TP→, ParLV→. | VII†, NS†, GR†.

Contrat-Social, 1. | St Eust., Tonnellerie=MONNAIE. ‖ FR†, FM†.

Contrescarpe, boul., 6. | Qze Vgts. ‖ OmbBB→. | B†, TR†, LB†, BL†, CC†, BL†, LV†.

Contrescarpe, 7 | Ec. de Médec., DAUPHINE=St ANDRÉ DES ARTS. ‖ VS†, VII†, NS†.

Contrescarpe, 10. | J. des Pl., Obs.: Fossés St Victor=Vlle Estrapade.

Copeau, 10. | J. des Pl., St VICTOR=Mouffetard. ‖ FM†, MU†.

Coq Héron, 1. | St Eust., COQUILLIÈRE=Pagevin. ‖ BM†, LG†, VIII†, TP†.

Coq, 1. | Lvre., ORATOIRE, pl.=St HONORÉ. ‖ OmnLN→, FavNS←. | FR†, BL†, CC†, LG†, MM†, GR†, JR†.

† Coq, 2. | M. de P., Rivoli=VERRERIE. ‖ CC†.

COQUILLIÈRE, 1. | Banque, St Eust.: St EUSTACHE=CROIX DES PETITS CHAMPS. OmnBM→, DamLO Vieux Augustins—Grenelle, FavVII→, ParTP← Croix des Petits Champs—Grenelle. | FR†, MM†, FM†, NS†.

Corbeau, 5. | Douane, Bichat=St Maur.

† Cordelières, 10. | St Ml, Lourcine=Ch. de l'Alouette.

Corderie, 2. | Temple, Rotonde, pl.=Dupetit-Thouars.

Corderie, rue et imp., 1. | Pal. R., St Roch=MARCHÉ St HONORÉ. ‖ CC†, RB†.

Cordiers, 7. | Sorb., St Jacques=CLUNY. ‖ JR†.

→Cordonnerie, I. | Halles, Marché aux Poirées ═ Tonnellerie.

↖Corneille, 7. | Ec. de Méd., Odéon, pl. ═ Vaugirard.

↖Cornes. 10. | St Marcel, Banquier ═ Fossés St MARCEL. ‖ FM↓.

→Cossonnerie, I. | Halles, St DENIS ═ Potiers d'Etain. ‖ DE↓.

†Cotte, 6. | F. St Ant., CHARENTON ═ F. St ANTOINE. ‖ TR↓, CC↓.

Cour Batave, pas., 2. | B. l'Abb., pas. Venise ═ St DENIS. ‖ DE↓.

↗Courcelles, barr. et ch. de ronde, 3. | Roule. ‖ FAeBE.

↖Courcelles, 3. | Roule. Pépinière ═ Monceaux.

Cour de Rohan, pas., 7. | Ec. de Méd. Eperon ═ Cour du Commerce.

→Cour de Rome, pas. et imp., 2. | Arts, Gravilliers ═ Aumaire.

Cour des Bleus, pas., 2. | B. l'Ab., GRENETAT ═ St DENIS. ‖ FR↓, DE↓.

Cour des Miracles, pas., 2. | Bne Nlle, Thévenot ═ Damiette.

Cour du Retiro, pas., 3. | Présid. St HONORE ═ MADELEINE. ‖ MN↓, FR↓, LL↓.

Couronne-d'Or, pas., 1. | Louvre, Bourdonnais ═ Etienne.

→Cours-la-Reine, 8. | Ch. El. ═ CP↓.

→Courtalon, I. | Halles, St DENIS ═ Ste Opportune, pl. ‖ DE↓.

†Courty, 9 | Min., Lille ═ Université.

↗Coutellerie, 2. | St Méry, Ecrivains ═ Vannerie.

→Coutures, 2 | Mar., St Gervais ═ Vlle du Temple.

↖Crébillon, 7. | Ec. de Méd., Condé ═ ODEON, pl. ‖ PP↓.

↗Cretet, 4. | Month., Bochard-Saron ═ Beauregard.

†Crillon, 2. | Ars., MORLAND ═ Ormes. ‖ BL↓.

→Croissant, I. | St Jh, Sentier ═ MONTMARTRE. ‖ LG↓, FM↓.

→Croix-Boissière, rue et imp., 8. | Ch. El., LONGCHAMPS ═ ch. de ronde. ‖ LL↓.

↑CROIX-DES-PETITS-CHAMPS, I. | Banque, St Eust.; St HONORE ═ VICTOIRES, pl. ‖ OmnMB et FavVII→, Coquillière ═ place des Victoires; TricMM←, FavNS←, ParTP←, place des Victoires ═ Coquillière. | FR↓, LN↓, CC↓, LG↓, BP↓, JR↓.

↗Croix 3. | Roule, F. St HONORE ═ Courcelles, barr. ‖ MN↓, FB↓.

CROIX-ROUGE, carr., 9. | Mon. et Min.: SEVRES, CHERCHE MIDI, VIEUX COLOMBIER, FOUR, DRAGON et GRENELLE. ‖ OmnOB, FavVII, Béarn BI, ParTP, ParPP.

†Croulebarbe, 10. | St Marcel, MOUFFETARD ═ Gobelins, boul ‖ FM↓.

Croulebarbe, barr., 10. | St Marcel.

↗Crussol, 5. | Théatres, TEMPLE, boul. ═ Valmy, qu. ‖ B↓.

†Culture-Ste-Catherine, 2. | Mt de P., Marais: St ANTOINE ═ Parc Royal. ‖ TR↓, CC↓, BI↓, LV↓.

↙Cuvier, 10. | J. des Pl., St Bernard, qu. ═ St VICTOR. ‖ FM↓, GR↓, MC↓.

→Cygne, I. | St Sauveur, St DENIS ═ Mondétour. ‖ DE↓.

Cunette, barr., 8. | Inv.

†Dalayrac, I. | Ital., Méhul ═ Monsigny.

Damiette, pont, 2. | Ars., Iles. ‖ BL↓.

↖Damiette, I. | B. Nlle, Miracles, cour ═ Caire, pl. ‖ BP↓, TP↓.

†Damoy, pas. et cour, 6. | Pop., BASTILLE ═ Daval. ‖ BI↓, TR↓, LB↓, CC↓, BI↓, LV↓, BM↓.

†Dauphin, I. | Tuil., RIVOLI ═ St HONORE ‖ FR↓, LN↓, CC↓, RB↓.

→Dauphine, pas., 9. | Mon., DAUPHINE ═ Mazarine. ‖ VII↓, NS↓.

DAUPHINE, pl., 7. | Pal. de J. ‖ FavVII, FavFM, CiBD. | NS↓, GR↓. TP↓.

↓DAUPHINE, 7, 9. | Ec. de Méd., Mon.: PONT NEUF ═ BUSSY, carr. ‖ FavVII←, FavNS→. | VS↓, GR↓, TP↓, LV↓.

↖Daval, 6. | Pop., Amelot ═ Roquette.

→Débarcadère, 10. | St Mcel., Hôpital, boul.

↙Delambre, 9 | Lux., Mt Parnasse, boul. ═ Mt PARNASSE, bar. ‖ TP↓.

†Déchargeurs, I. | Halles, Rivoli ═ St HONORE. ‖ CC↓.

†Delorme, pas., I. | Tuil., Rivoli ═ St HONORE. ‖ FR↓, LN↓, CC↓, RB↓.

↗Delta, 4. | Mont., F. Poissonnière ═ ROCHECHOUART. ‖ JR↓, PP↓.

†DENAIN, 3. | Haut., Nord ═ Dunkerque. ‖ FavNS←.

↙Derville, 10. | St MI, Champ de l'Alouette ═ Anglaises.

↙DESAIX, quai, 2. | Iles. ‖ DamVS→. | DE↓, BD↓, JR↓, LV↓.

↙Desaix, 8. | Inv., Suffren, av. ═ Ch. de ronde.

↖Descartes, 7, 10. | J. des Pl., Maub., pl., Obs.: Montagne ═ Fourcy.

→Desèze, 3 | Mad., Basse du Rempart ═ MADELEINE, pl. ‖ BI↓, BM↓, VII↓.

→Désir, pas., 5. | St LI, F. St MARTIN ═ F. St DENIS. ‖ VS↓, DE↓.

→Deux-Boules, I. | Lvre, Halles: Lavandières ═ Bertin Poirée.

→Deux-Ecus, I. | St Eust., Banque: MONNAIE ═ GRENELLE. ‖ FR↓, LG↓, VII↓, FM↓, TP↓.

↓Deux-Ermites, 2. | Iles, Constantine ═ Marmouzels.

↙Deux-Moulins, 10. | St Mcel, Ch. de ronde ═ Hôpital, boul.

↓DEUX-PONTS, 2. | Iles, PONT MARIE ═ PONT DE LA TOURNELLE. ‖ Béarn BI→, HirMC←.

†Deux-Portes, 2. | Mt de P., Rivoli ═ VERRERIE. ‖ CC↓.

†Deux-Portes, I. | St Sauveur, Petit Lion ═ Thévenot.

↙Deux-Portes, 7. | Sorb., HARPE ═ Hautefeuille. ‖ DE↓.

Deux-Sœurs, cour et pas., 4 | Month., F. MONTMARTRE ═ LAMARTINE. ‖ FM↓, LL↓.

→Doré, 2. | Mar., St Louis ═ St Gervais.

→Douai, 4. | St Gges, FONTAINE ═ Ch. de ronde. ‖ OB↓.

↗Douane, 5. | Douane, Bondy ═ Valmy, qu. ‖ BI↓, TP↓.

Doubles, pont, 2. | Iles, pl. Maubert.

↖Douze-Maisons, pas., 8. | Ch. Elys., Montaigne, av. ‖ Marbœuf.

↗Douze-Portes, 2. | Mar., St Louis ═ Nve St Pierre.

↙Dragon, cour et pas., 9. | Mon., St BENOIT, carr. ═ DRAGON. ‖ OB↓, VII↓, TP↓.

↓DRAGON, 9. | Mon., TARANNE ═ CROIX ROUGE. ‖ OmnOB←, FavVII←, ParTP→. | BI↓, PP↓.

†Drouot, 4. | Op., ITALIENS ═ PROVENCE. ‖ BI↓, OB↓, PP↓.

↙Duguay-Trouin, 9. | Lux., Fleurus ═ Ouest.

↓Duguesclin, 8 | Inv., Bayard ═ Dupleix.

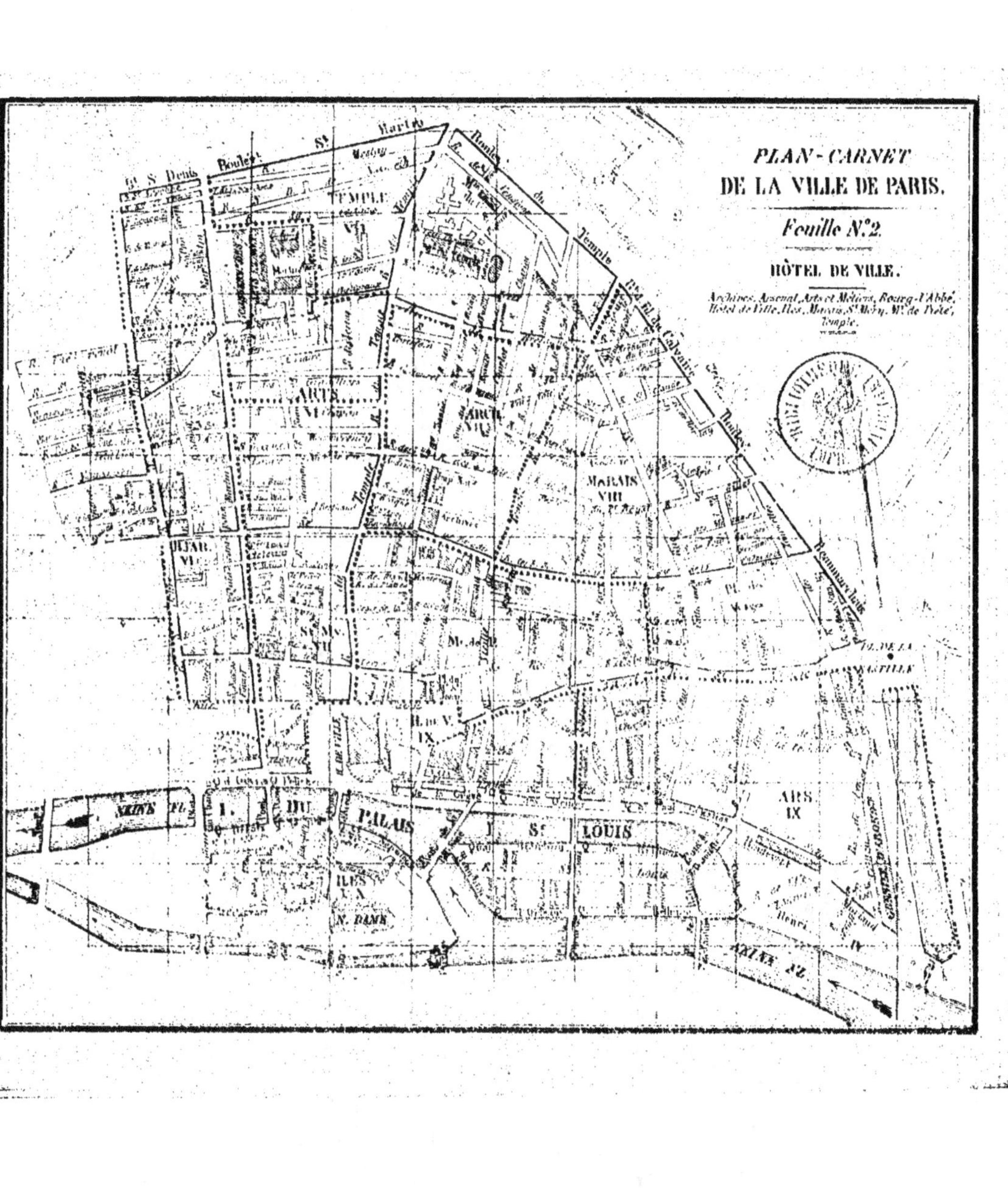

PLAN - CARNET
DE LA VILLE DE PARIS.
Feuille N.º 2.
HÔTEL DE VILLE.
Archives, Arsenal, Arts et Métiers, Bourg-l'Abbé,
Hôtel de Ville, Iles, Marais, St Méry, Mt de Piété,
Temple.

Dulac, pas., 9. | Lux., VAUGIRARD = Fourneaux. = LV↓.

Dupetit-Thouars, 2. | Temple, Corderie = TEMPLE. ‖ BD↓.

DUPHOT, 1. | Tuil., St HONORÉ = MADELEINE, boul. ‖ OmnFR→, | B↓, BM↓. PP↓.

DUNKERQUE, 4, 5. | St Laur., Haut., Month.: F. St Martin = ROCHECHOUART ‖FavNS→, pl. Roubaix—Denain. | VS↓. DE↓ r. St Denis; JR↓. PP↓ F. Poissonnière.

Duperré, 4. | St Gges, FONTAINE = Montmartre, barr. ‖ OB↓, BE↑.

Dupleix, r. et pl. 8 | Inv., Suffren, av. = Grenelle, barr.

Dupleix, ruelle, 8 | Inv., Dupleix, pl. = Lamothe Piquet, av.

Dupont, 8. | Ch. El., CHAILLOT = St Pierre. ‖ LL↓.

Dupuis, 2. | Tple, Dupetit Thouars = Vendôme

Dupuytren, 7. | Ec. de Méd., ECOLE DE MEDECINE = M. le Prince. ‖ BI↓.

Duras, 3. | Présid., F. St HONORÉ = Marché d'Aguesseau. ‖ MV↓, FR↓, LL↓.

Duroc, 9. | Bab., Invalides, boul. = Breteuil, pl.

Eblé, 9. | Bab., Invalides, boul. = Breteuil, av.

ECHARPE, 2. | Mar., VOSGES, pl. = St Louis. ‖ OmnBM→.

Echaudé, 2. | Arch., Vlle du Temple = Poitou.

Echaudé, 9. | Mon., SEINE = Abbaye, carr. ‖ VII↓, LV↓.

Echelle, 1. | Tuil., RIVOLI = St Honoré. ‖ FR↓, LN↓, CC↑, RB↓.

ECHIQUIER, 4. | Haut., F. St DENIS = F. POISSONNIÈRE. ‖ DamLG→, Hauteville—F. Poissonnière. | DE↓, NS↓, MC↓.

Ecluses, 5. | Douane, Grange aux Belles = F. St MARTIN. ‖ VS↓.

ECOLE, qu. et pl., 1. | Louvre. ‖ Omn TR et BL→, FavNS→, VII→ et FM→, GazGR→, HirJR→, ParTP←.

ECOLE DE MÉDECINE, rue et pl., 7, 9. | Sorb., Ec. de Méd., Mon.: Harpe = Bussy, carr. ‖ FavVII→, Ste Marguerite—Anc. Comédie; BéarnBl→, St Jacques—Anc. Comédie. | VS et NS, Ancienne Comédie; DE↓, LV, Seine.

Ecole polytechnique, 7. | Pl. Maub., Montagne=Sept-Voies.

ECOLE-MILITAIRE (GRENELLE), barr. et ch. de ronde, 8. | Inv. ‖ DamLG.

Ecosse, 7. | Pl. Maub., St Hilaire = Four.

Ecouffes, 2. | Mt de P., Roi de Sicile = Rosiers.

Eglise, 8. | Inv., St DOMINIQUE = LAMOTHE PIQUET, av. ‖ LG↓, BI↓.

Egout, 9. | Mon., St BENOIT, carr. = FOUR. ‖ PP↓, TP↓.

Elysée, pas., 3. | Roule, F. St HONORÉ = Chartres ‖ MN↓, FR↓.

Enfants-Rouges, 2. | Arch., Anjou = Portefoin.

ENFER, barr. et ch. de ronde, 9, 10. | Lux., Obs. ‖ FavDE.

Enfer, boul., 9. | Lux., Montparnasse, boul. = ENFER, barr. ‖ DE↑.

ENFER, 7, 9, 10. | Sorb., Obs., Lux. | St MICHEL, pl. = ENFER, barr. ‖ Fav DE→. | PP↓.

Enghien, 4. | Haut., F. St DENIS = F. POISSONNIÈRE. ‖ LG, Hauteville; DE↓, NS↓, MC↓.

Entrepôt, pas., 5. | Douane, Marais = Entrepôt.

Entrepôt, 5. | Douane, Douane = Grange-aux-Belles.

Epée-de-Bois, 10. | J. des Pl. | Gracieuse = Mouffetard.

Eperon, 7. | Ec. de Méd., St ANDRÉ DES ARTS = Jardinet. ‖ VS↓.

Erfurth, 9 | Mon., Childebert = Ste MARGUERITE. ‖ VII↓.

Essai, 10. | St MI., Marché aux Chevaux = Poliveau.

Est, 9, 10. | Lux., Obs. | ENFER = Observatoire, carr. ‖ DE↓.

Estrapade, pl., 7, 10. | Observ., pl. Maubert.

Estrées, 2, 9. | Bab., Inv.: Invalides, boul. = FONTENOY, pl. ‖ LG↑.

Etienne, 1. | Lvre, Boucher = St EUSTACHE, pl. FR et CC, St Honoré; BM↓.

Etoile, barr. et ch. de ronde, 8. | Ch. El. ‖ OmnLN, ExcBE.

Etoile, 2. | Ars., St PAUL, qu. = Fauconnier. ‖ BI↓.

Europe, pl., 3. | Roule, Berlin, St Pétersbourg, Naples, Constantinople, Madrid, Vienne, Rome, Londres.

Evêque, 1. | Pal. Roy., Frondeurs = Orties.

FAUBOURG-DU-TEMPLE, 5. | Douane, Théâtres: TEMPLE, boul. = BELLEVILLE, barr. ‖ CitBD et BP←, | BI, TP↓, BE↑.

FAUBOURG-MONTMARTRE, 4. | Opéra, Month., St Gges: MONTMARTRE, boul. = LAMARTINE. ‖ FavFM→, FavNS←, Bergère—boul. Montmartre; HirJR→, boul. Montmartre—Cadet. | BI, LG↓, PP, Provence, Richer; LL↓.

FAUBOURG-POISSONNIÈRE, 4. | Haut., Op., Month.: b. POISSONNIÈRE = POISSONNIÈRE, barr. ‖ DamLG←, Echiquier—boul. Poissonnière; FavNS←, Lafayette—Bergère: HirMC→, Petites-Ecuries—Bleue; ParPP→, Richer—barr. Poissonnière. | BI, MM↓, LL, Paradis, Bleue.

FAUBOURG-St-ANTOINE, 6. | F. St Ant., BASTILLE = TRONE. ‖ OmnTR→, | BI, LB↓, MB↓, CC↓, BB↓, BI↓, LV↓.

FAUBOURG-St-DENIS, 4, 5. | Haut., St Lt: St DENIS, boul. = St DENIS, barr. ‖ FavDE←, HirMC→, boul. St-Denis—Petites-Ecuries. | BI, LG, Fidélité, Paradis; MM↓, BP↓, TP↓, LL, Fidelité, Paradis, BE↑.

FAUBOURG-St HONORÉ, 3, 8. | Mad., Présid., Roule, Ch. El.: ROYALE = ROULE, barr. ‖ OmnMF et FR→, ConstLL→, Madeleine—Matignon, | PP↓, BE↑.

FAUBOURG-St-JACQUES, 10. | Obs., Port Royal = St JACQUES, barr. ‖ HirJR←.

FAUBOURG-St-MARTIN, 5. | F. St M., St Lt: St MARTIN, boul. = VILLETTE barr. ‖ DamVS←, LG et LL, St Laurent. | BI, MM↓, BP↓, MC↓, TP↓, BE↑.

Fauconnier, 2. | Ars., Barres = Charlemagne.

Favart, 1. | Ital., Grétry = ITALIENS. ‖ BI↓, OB↓.

Féliblen, 7. | Ec. de Méd., Clément = Lobineau. ‖ PP↓

Femme-sans-Tête, 2. | Iles, St Louis = Bourbon, qu.

Fénelon, 4. | Haut., LAFAYETTE, pl. = Belzunce. ‖ NS↓.

FER-A-MOULIN, 10. | St MI., G. St HILAIRE = Mouffetard. ‖ HirMC→, | FM↓.

Ferdinand, 5. | Théâtres, Trois-Couronnes=Orillon.

Ferdinand Berthoud, 2. | Arts, Montgolfier=Vaucanson.

Ferme-de-Grenelle, 8. | Inv., Suffren=Lamothe-Piquet.

FERME-DES-MATHURINS, 3. | Mad., Basse du Rempart=St Nicolas. || OmnBM→, Nve Mathurins=St Lazare. | BI, FRI.

Féron, fr. et imp., 7, 9. | Lux., Ec. de Méd.: St SULPICE, pl.=Vaugirard. ||OBI, NSI, BI, PPI, LVI, VSI.

FERRONNERIE, 1. | Halles, St DENIS=Déchargeurs. || OmnCC→, | DEI. Fer, bazar et pas., 1. | Ital., ITALIENS=Choiseul. || BI.

Fers, 1. | Halles, St DENIS=Lingerie. || DEI.

FEUILLADE, 1. | Banque, St Jph: VICTOIRES, pl.=Vrillière. || Fav VII→, FavFM→, | BMI, MMI, NSI, BPI, JRI, TPI.

† Feuillet, pas., 5. | F. St Mn. Écluses=Canal.

‡ Fèves, 2. | Iles, Constantine=Calandre.

Feydeau, 1. | Ital., MONTMARTRE=RICHELIEU. || OBI, LGI, FMI, NS et JR Vivienne.

FIDÉLITÉ, r. et pl., 5 | St Lt, F. St MARTIN=F. St DENIS. || DamLG→, ConstLL→, | VSI, DEI.

Figuier, 2. | Ars. Etoile=Charlemagne. || BI.

Filles-Dieu, 1. | B. Nle, St DENIS=BOURBON VILLENEUVE. || DEI, BPI, TPI.

FILLES-DU-CALVAIRE, boul., 2, 6. | Mar., Pop.: BEAUMARCHAIS, boul.=TEMPLE, boul. || OmnB→, Omn FR→.

FILLES-DU-CALVAIRE, 2. | Temple, FILLES DU CALVAIRE, boul.=TEMPLE. || OmnFR, | BI.

FILLES-St-THOMAS, 1. | Ital., N. D. DES VICTOIRES=NVE St AUGUSTIN. || OmnBM→.FavNS N. D. des Victoires=Vivienne, | OBI, JR Vivienne.

† Fléchier, 1. | St Gges, Olivier=F. MONTMARTRE. || OBI, FMI, LLI.

Fleurus, 9. | Lux. Luxembourg=N. D. DES CHAMPS. || TPI.

Flore, pas., 2. | Iles, Pelleterie=Constantine.

Foin, 2. | Mar., Ch. des Minimes=St Louis.

Folie-Méricourt, 5. | Théâtres, Ménilmontant=F. DU TEMPLE, | BDI. BPI.

Folie-Regnault, 6. | Roq., Pop.: Muette=Amandiers. ||LB Roquette.

Fontaine-Molière, 1. | Pal. R., St HONORÉ=RICHELIEU. || FRI, OBI, CCI, RBI.

FONTAINE, 4. | St Gges, Pigale=BLANCHE, barr. || OmnOB→. | BEI.

Fontaine, 10. | J. des Pl., Orléans=Puits-l'Ermite.

Fontaine-au-Roi, 5. | Théâtres, F. DU TEMPLE=St Maur. || BDI, BPI.

Fontaines, cour et pas., 1. | Pal. R., BONS ENFANTS=Vingt-Quatre Février. || JRI.

Fontaines, 2. | Temple, TEMPLE=Volta. || BDI.

Fontarabie, barr. et ch. de ronde, 6. | Roq.

FONTENOY, pl., 8. | Inv., Lowendal, av. || DamLG→.

Forez, 2. | Temple, Charlot=Beaujolais.

Forges, 1. | Bonne Nlle, Damiette=Caire.

Fortin, 8. | Ch. El., Ponthieu=Réforme.

FOSSÉS-MONTMARTRE, 1. | St Eust., St Jph: Pagevin=MONTMARTRE. || TricMM→, CitBP→, ParTP→, | BMI, LGI, VIII, FMI, NSI.

FOSSÉS St-BERNARD, 10. | J. des Pl., TOURNELLE=St VICTOR. || HieMC←, FMI, GRI.

Fossés-St-Germain-l'Auxerrois, 1. | Louvre, ARBRE SEC=LOUVRE. || BLI, NSI, GRI, JRI, TPI.

Fossés-St-Jacques, 7, 10. | Obs., pl. Maub: St JACQUES=Postes. || JRI.

FOSSÉS-St-MARCEL, 10, | St Ml, Poliveau=MOUFFETARD. || FavFM←, | MCI.

Fossés St-Martin, 5. | St Lt, Chapelle=St DENIS, || DEI.

Fossés-St-Victor, 10. | J. des Pl., St VICTOR=MOUFFETARD. || FMI, MCI.

Fossés-du-Temple, 5. | Théâtres, Ménilmontant=F. DU TEMPLE. || BDI, BPI.

Fouarre, 7. | Pl. Maub., Bûcherie=GALANDE. || FMI, GRI.

FOUR, 7, 9. | Mon., Ec. de Méd., Lux.: Abbaye=CROIX ROUGE || ParPP→, Bonaparte-Croix Rouge, | OBI, VIII, BII, TPI.

† Four, 1. | St Eust., Banque: St HONORÉ=COQUILLIÈRE. || FRI, BMI, CCI, VIII.

Four, 7. | Pl. Maubert, Sept Voies=Ecosse.

† FOURCY, 2. | H. de V., Ars.: Charlemagne=St ANTOINE. || Béarn BI←. | TRI, CCI, LVI.

Fourcy, 7, 10. | J. des Pl., pl. Maub., Obs.: Mouffetard || Vlle Estrapade.

Fourneaux, barr. et ch. de ronde, 9. | Lux.

Fourneaux, 9. | Lux., VAUGIRARD=Fourneaux, barr. || LVI.

Fourreurs, 1. | Halles, Ste Opportune=Déchargeurs.

† Française, 1. | St Sauveur, MAUCONSEIL=Petit Lion. || FRI.

François-Miron, 2. | H. de V., Lobau=Jacques de Brosse.

FRANÇOIS Ier, pl., 8. | Ch. El., JEAN GOUJON=Bayard. || OmnCP.

FRANCS-BOURGEOIS, 2. | Mt de P., Marais: Payenne=Vlle du Temple. || OmnBM→.

Francs-Bourgeois, 2. | St Ml, Fossés St MARCEL=Collégiale, pl. || FMI.

Franklin, barr. et ch. de ronde, 8. | Ch. El.

Frépillon, pas., 2. | Arts, Volta=Marmite.

Frochot, r. et av., 4. | St Gges, Laval=Montmartre, barr. || BEI.

Fromentel, 7. | Pl. Maub., Charenton=Cimetière St Benoît.

† Frondeurs, 1. | Pal. R., St HONORÉ=Evêque. || FRI, RBI, CCI.

Fulton, 10. | St Ml, AUSTERLITZ=Gare. || GRI.

Furstemberg, 9. | Mon., Jacob=Abbaye

Gabrielle, av., 3. | Présid., CONCORDE=MATIGNON. || LNII, LLI, PPI.

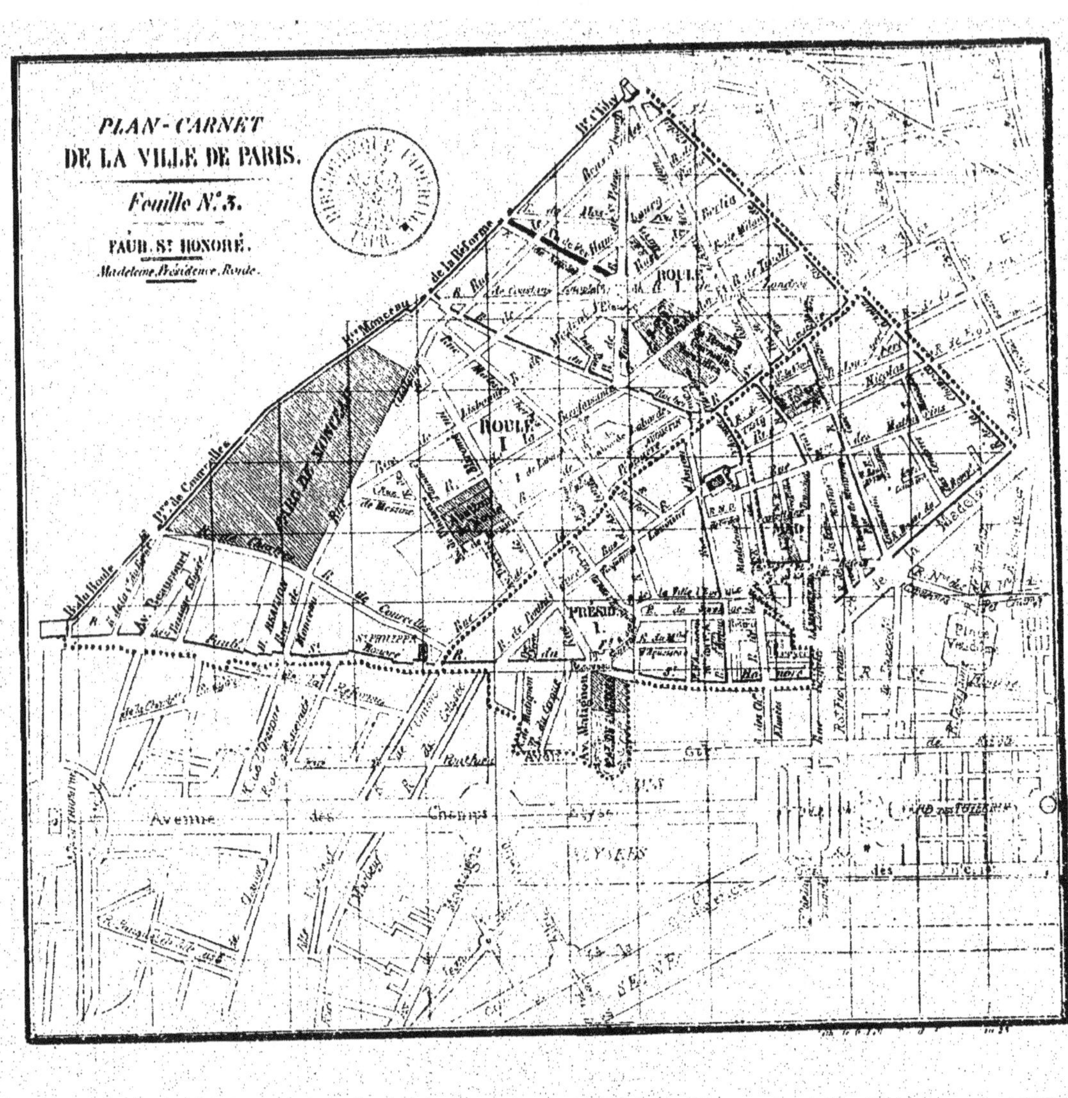

PLAN-CARNET
DE LA VILLE DE PARIS.
Feuille N.º 3.
FAUB. S.t HONORÉ.
Madeleine, Présidence, Roule.
ROULE
PRÉSID.
Avenue des Champs Elysées
SEINE

Gaillard, pas., 8. | Ch. El., Montaigne, av.=Marbœuf.

† GAILLON, r. et carr., 1. | Ital., NVE DES PTS CHAMPS=NVE St AUGUSTIN. || GazRR→, | BM↑, VII↑.

\ GALANDE, 7. | Pl. Maub., MAUBERT, pl.=PETIT PONT. || FavFM→, | JR↑.

\ Gambey, 5. | Théâtres, Ménilmontant=Angoulême.

GARE, barr. et ch. de ronde, 10. | St Marcel. || GazGR→.

Gare, pont, 6. | Qze Vgts, St Ml. || BB↑, BL↑, GR↑.

GARE, 10. | St Ml., Hôpital=ch. de ronde. || GazGR→. Jouffroy—Hôpital, bord.

\ Garancière, 7. | Ec. de Méd., St SULPICE=VAUGIRARD. || OB↑, VS↑, NS↑, BI↑, PP↑, LV↑.

\ Gaste, 8. | Ch. El., St Pierre=CHAILLOT. || LL↑.

\ Gautrin, pas., 8. | Ch. El., Montaigne=Marbœuf.

† Genty, pas., 6. | Qze Vgts, RAPÉE=BERCY. | BB↑, BL↑.

Geoffroy-l'Angevin, 2. | St Méry, TEMPLE=Beaubourg. || BD↑, MC↑.

† Geoffroy-l'Asnier, 2. | Hôt. de Ville, GRÈVE=St ANTOINE. || TR↑, BL↑, CC↑, MC↑, LV↑.

Geoffroy-Marie, 1. | Op., F. MONTMARTRE=RICHER. || FM↑, JR↑, PP↑.

\ GEOFFROY-St-HILAIRE, 10. | J. des Pl., St Ml., Copeau=FER A MOULIN. || FavFM→, HirMC→.

Gervais-Laurent, 2. | Iles, CITÉ=Marché-aux-Fleurs. || LV↑.

GÈVRES, quai, 2. | St Méry. || Omn TR et BL→, CitBD→, | VS↑, DE↑, JR↑, LV↑.

\ Gindre, 9. | Lux., VX COLOMBIER=Mézières. || OB↑, BI↑.

† Git-le-Cœur, 7. | Ec. de Méd., Augustins, qu.=St ANDRÉ DES ARTS. || VS↑, GR↑, LV↑.

\ Glacière, r. et barr., 10. | St Ml., Lourcine=Glacière, barr.

† Glatigny, 2. | Iles, Napoléon, qu.=Marmouzets.

Gobelins, boul., 10. | St Ml., ITALIE, barr.=Glacière. || FM↑.

Gobelins, 10. | St Ml., Mouffetard=Marmouzets.

Godefroy, 10. | St Ml., ITALIE, barr.=Gobelins || FM↑.

† Godot-de-Mauroy, 3. | Mad., Basse du Rempart=Nve des Mathurins. || BI↑, BM↑↑.

† Gracieuse, pas., 10. | J. des Pl., Gracieuse=Patriarches.

\ Gracieuse, 10. | J. des Pl., Orléans=Copeau.

\ Grammont, 1. | Ital., NVE St AUGUSTIN=ITALIENS. || BI↑, BM↑, OB↑.

Grand-Cerf, pas., 2. | Arts, Ponceau=St DENIS. || DE↑.

† Grand-Chantier, 2. | Arch., Vlles Haudriettes=Pastourelle.

Grand-Hurleur, 2. | Brg l'A., St MARTIN=Bourg-l'Abbé. || VS↑, MC↑.

\ Grand-Prieuré, 5. | Théâtres, Ménilmontant=Tour.

Grand-St-Michel, 5. | F. St Mn., Valmy, qu.=F. St MARTIN. || VS↑.

Grande-Chaumière, 9. | Lux., N. D. des Champs=Montparnasse, boul.

Grande-Friperie, 1. | Halles, Lingerie=Etienne.

† Grande-Cour, pas., 6. | Qze Vgts, RAPÉE=BERCY. || BB↑↑, BL↑.

Grande-Truanderie, 1. | St Sauveur, St DENIS=MONTORGUEIL. || FR↑, DE↑.

† Grands-Augustins, 7. | Ec. de Méd., AUGUSTINS, quai=St ANDRÉ DES ARTS. || VS↑, GR↑, LV↑.

Grands-Degrés, 7. | Pl. Maubert, TOURNELLE=Haut-Pavé. || GR↑.

Grange-aux-Belles, 5. | F. St Martin, Douane: Valmy=Boyauderie. || DE↑.

Grange-Batelière, 1. | Op., F. MONTMARTRE=Rossini. || FM↑, JR↑.

Gravilliers, 2. | Arts, TEMPLE=St MARTIN. || VS↑, BD↑, MC↑.

† Gravilliers, pas., 2. | Arts, Gravilliers=Aumaire.

† Greffulhe, 3. | Mad., Castellane=Nve des Mathurins.

\ Grégoire-de-Tours, 9. | Monnaie, Bussy=QUATRE-VENTS. || VS↑, VII↑, NS↑, PP↑, BI↑.

† Grenelle, barr. et ch. de ronde, 8. | Inv.

GRENELLE, 8, 9. | Mon., Bab., Min., Inv.: CROIX ROUGE=Labourdonnaye. || DamLG→, Bellechasse—Invalides; BéarnBI→, Croix Rouge—Sts Pères; ParPP→, Croix Rouge—Bourgogne. | OB↑ MM Bac, VII↑, TP↑.

GRENELLE, 1. | Banque, St HONORÉ=COQUILLIÈRE. || DamLG→, Par TP→, | FR↑, BM↑, LN↑, CC↑, VII↑, JR↑.

GRENETAT, 2. | Bg l'Ab., St MARTIN=St DENIS. || OmnFR. | DE↑, MC↑.

Grenier-sur-l'Eau, 2. | H. de V., Barres=Geoffroy-l'Asnier. || MC et LV Réforme.

\ GRÉS, 7. | Sorb., St JACQUES=HARPE. || HirJR→, St Jacques—Cluny. | DE↑.

Grétry, 1. | Ital., Favart=Grammont.

GRÈVE, quai, 2. | H. de V. || OmnTR et BL→, HirMC→, Ormes—Réforme; ParLV→.

Gribeauval, 9. | Min., BAC=St Thomas d'Aquin, pl. || LG↑, MM↑.

\ Gril, 10. | St Ml., Censier=Orléans.

GUÉNÉGAUD, 9. | Mon., CONTI, qu.=Mazarine. || ParLV→. | TP↑.

Guérin-Boisseau, 2. | Brg l'Ab., Arts: St MARTIN=St DENIS. || FR↑, DE↑, MC↑.

† Guillaume, 2. | Iles, d'Orléans, qu.=St Louis.

† Guillemites. | Mont de P., Blancs Manteaux=PARADIS. || BM↑.

Guisarde, 7. | Ec. de Méd., Mabillon=Canettes. || PP↑.

Guy-Labrosse, 10. | J. des Pl., Jussieu=St VICTOR. || FM↑, MC↑.

Hambourg, 4. | Roule, CLICHY=Cisalpine. || BM Rocher: RB↑.

Hanovre, 1. | Ital., Choiseul=PORT-MAHON. || CC↑, RB↑.

Harcourt, pas., 7. | Sorb., HARPE=Maçons. || DE↑.

Harlay, cour, 7. | Pal. de J., Harlay et cour Lamoignon. || FM↑, BD↑.

\ Harlay, 2. | Mar., BEAUMARCHAIS=St Claude. || BI↑.

HARLAY, 7. | Pal de J., HORLOGE=ORFÈVRES. || Fav.FM←, Cit.BD→.

HARPE, 7. | Sorb., PONT St MICHEL, pl.=St MICHEL, pl. || Fav.DE→, | VS↑, FM↑, BI Mathurins, Ec. de Méd. GR↑, JR↑, PP↑, LV↑.

Haut-Moulin, 2. | Iles, Glatigny=CITÉ. || LV↑.

‡ *Haut-Pavé*, 7. | Pl. Maub., MONTE-BELLO=*Grands-Degrés*. ‖ GR‡.

↘ *Hasard*, 1. | Pal. R., RICHELIEU=*SteAnne*. ‖ OB‡.

← *Haute-des-Ursins*, 2. | Iles, StLandry=*Glatigny*.

‡ *Hautefeuille*, 7. | Sorb., Ec. de Méd.; ECOLE DE MÉDECINE = St ANDRÉ DES ARTS, pl. ‖ VS‡, B‡t.

↘ HAUTEVILLE, 4. | Haut., BNE NOUVELLE = LAFAYETTE. ‖ DamLG→, Paradis-E.biquier. | B‡, MM‡, NS‡, MC Ptes-Ecuries; LL Paradis.

→ *Havre*, pas., 3. | Mad., CAUMARTIN=St LAZARE. ‖ VII‡t, LL‡.

HAVRE, pl., 3. | Mad., HAVRE, St LAZARE, *Amsterdam*, gare de l'OUEST. ‖ OmnBM, FavV‡, Const LL.

↘ HAVRE, 3. | Mad., *St Nicolas* ‖ pl du HAVRE. ‖ OmnBM→ | VII‡, LL‡

‡ *Helder*, 4. | Op., ITALIENS = *Taitbout*. ‖ B‡, PP‡.

→ *Henri IV*, quai, 2. | Ars ‖ BL‡t.

‡ *Henri Ier*, 2. | Arts, Bailly=RÉAUMUR. ‖ FR‡.

Henri, pas., 1. | Pal. R., BONS-ENFANTS=*Cour des Fontaines*. | JR‡.

← *Hirondelle*, 7. | Ec. de Méd., PONT St MICHEL, pl.=*Gît le Cœur*. ‖ VS‡, DE‡, FM‡, GR‡, JR‡, LV‡.

→ *Hoche*, 1. | Pal. R., *21 Février* = *Masséna*.

↘ *Holzbacher*, cité et pas., 5. | Théâtres, *Fontaine au Roi*=*Trois Bornes*.

‡ *Homme-Armé*, 2. | Mt de P., Ste CROIX BRETONNERIE=*Blancs Manteaux*. ‖ MC‡.

↗ *Honoré-Chevalier*, 9. | Lux., BONAPARTE=*Cassette*. ‖ LV‡.

↘ HOPITAL, boul., 10. | St M‡, St BERNARD = ITALIE, barr. ‖ GazGR←, Gare—Walhubert, pl. | FM‡.

← HORLOGE, quai, 7. | Pal. de J. ‖ CitBD→. | VS‡, DE‡, VH‡, GR‡, JR‡.

↗ *Hospitaliers*, 2. | Mt de P., Rosiers=FRANCS BOURGEOIS. ‖ BM‡.

↗ *Hôtel-Colbert*, 7. | Pl. Maub., MONTEBELLO=GALANDE. ‖ FM‡, GR‡.

HOTEL DE VILLE, pl. | St Méry, H. de V.: Pelletier, qu. Tannerie, Vannerie, Rivoli, Temple, Lobau ‖ OmnTR et BL→, CitBD←, ParLV→ | CC‡.

Hôtel-Jaback, pas., 2. | St Méry, *Nve St Méry*=St MARTIN. | VS‡.

→ *Hôtel-de-Ville* 2. | Ars., H. de V.: *Etoile* = *Lobau*. ‖ BL‡t, B‡ Nonaindières, MC et LV Réforme.

Hôtel-d'Aligre, pas., 1. | Louvre, Bailleul=St HONORÉ. ‖ CC‡, JR‡. TP‡.

Hôtel-des-Fermes, pas., 1. | Banque, GRENELLE=*Bouloi*. ‖ LG‡, TP‡.

↘ *Houssaye*, 4. | St Georges, PROVENCE=*Victoire*. ‖ PP‡.

→ *Huchette*, 7. | Sorb., PETIT PONT=HARPE. ‖ VS‡, DE‡, FM‡t, GR‡t, JR‡t, LV‡t.

Hulot, pas., 1. | Pal. R., *Masséna*=RICHELIEU. ‖ OB‡.

‡ *Hyacinthe*, 2. | H. de V., GRÈVE=*Hôtel-de-Ville*. ‖ BL‡, MC‡.

Iéna, pont, 8. | Ch. El., Inv. ‖ CP‡.

‡ *Iéna*, 8. | Inv., d'Orsay, qu.=GRENELLE. ‖ LG‡, B‡ St Dominique.

← *Ile-des-Cygnes*, 8. | Inv., *Vierge*=d'Orsay, qu.

→ *Industrie*, pas., 5. | St L‡, F. St MARTIN=F. St DENIS. ‖ VS‡, DE‡, MC‡.

Invalides, boul., 8, 9. | Inv., Min., Bab.; GRENELLE=SEVRES. ‖ LG‡, VII‡.

‡ INVALIDES, pl. et esplanade, 8. | Inv. ‖ DamLG→, BéarnB‡→, ‖ CP‡, LG‡, B‡t.

Invalides, pont, 8. | Ch. El., Inv. ‖ CP‡, LG‡, B‡t.

↗ *Irlandais*, 10. | Obs., Postes=Ville Estrapade.

↘ *Isly*, pas., 5. | Théâtres, Orillon=F. DU TEMPLE ‖ BD‡, BP‡.

↗ *Isly*, 3 | Mad., HAVRE=ARCADE. ‖ BM‡, LL‡.

ITALIE-FONTAINEBLEAU, barr., 10. | St Marcel. ‖ FavFM.

↗ ITALIENS, boul., 1, 4. | Op., Ital.: MONTMARTRE=CAPUCINES. ‖ Omn B→, OmnOB→, Richelieu—Lafitte. | CC‡, RB‡, PP‡.

Italiens, pl., 1. | Ital.: *Favart, Marivaux, St Marc, Grétry*.

↙ *Ivry*, barr., 10. | StMarc‡.

↘ *Ivry*, 10. | St Marcel, *Banquier*=*Hôpital*.

↗ *Ile Louviers*, 2. | Ars., *Henry IV*=MORLAND ‖ BL‡.

← JACOB, 9. | Mon., SEINE=StsPÈRES. ‖ ParTP→, Petits Augustins—St Benoît. | OB‡, LV‡.

↘ *Jacquart*, 6. | Pop., Ternaux=*Ménilmontant*.

‡ *Jacques-de-Brosse*, 2. | H. de V., GRÈVE=François Miron. ‖ TR‡, BL‡, LV‡.

‡ *Japy*, 2. | Arts, Bailly=RÉAUMUR. ‖ FR‡.

← *Jardinet*, 7. | Ec. de Méd., Mignon=*Eperon*.

↗ *Jardins*, 2. | Ars., St PAUL, qu.=Charlemagne. ‖ BL‡.

↗ *Jardins*, 8. | Ch. El., *Ste Geneviève*=*Réservoirs*.

→ *Jarente*, 2. | Marais, *Val Ste Catherine*=*Culture Ste Catherine*.

↘ *Jean-Bart*, 9. | Lux., VAUGIRARD=*Fleurus*. ‖ LV‡.

↘ *Jean-Beausire*, 2. | Marais, BASTILLE=BEAUMARCHAIS. ‖ B‡, TR‡, DM‡, CC‡, B‡‡, LV‡.

‡ *Jean-Bouton*, imp. et ruelle, 6. | Qze Vgts, *Mazas*=CHARENTON. ‖ CC‡.

↗ JEAN-GOUJON, 8. | Ch. El, ANTIN=*Cours la Reine*. ‖ OmnCP→.

↗ J.-J.-ROUSSEAU, 1. | St Eust, COQUILLIERE=MONTMARTRE. ‖ ←Dam LG‡. | BM‡, VH‡, FM‡, TP‡.

↘ *Jean-de-l'Epine*, 2. | St Méry, *Vannerie*=*Coutellerie*.

→ *Jean-Lantier*, 1. | Louvre, Lavandières=*Bertin Poirée*.

‡ *Jean-Tison*, 1. | Louvre, *Fossés St Germain*=*Bailleul*.

↗ JEANNISSON, 1. | Pal. R. St HONORÉ=RICHELIEU. ‖ FR‡, OB‡, CC‡, RB‡.

↘ *Jemmapes*, quai, 5, 6. | Pop., Théâtres, Douane. ‖ B‡, BM‡, TR‡, BB‡, CC‡, BL‡. BD et BP', Faub. du Temple; LV‡.

‡ *Jérusalem*, 7. | Pal. de J., ORFEVRES=*Nazareth*. ‖ FM‡.

↗ Jeu-de-Boules, pas., 5. | Théâtres, *Fossés du Temple*=*Malte*.

→ *Jeûneurs*, 1. | St Jph, *Poissonnière*=MONTMARTRE. ‖ LG‡, MM‡, FM‡

‡ *Joaillerie*, 1, 2. | Louvre, St Méry: *Vannerie*=LOMBARDS. ‖ CC‡.

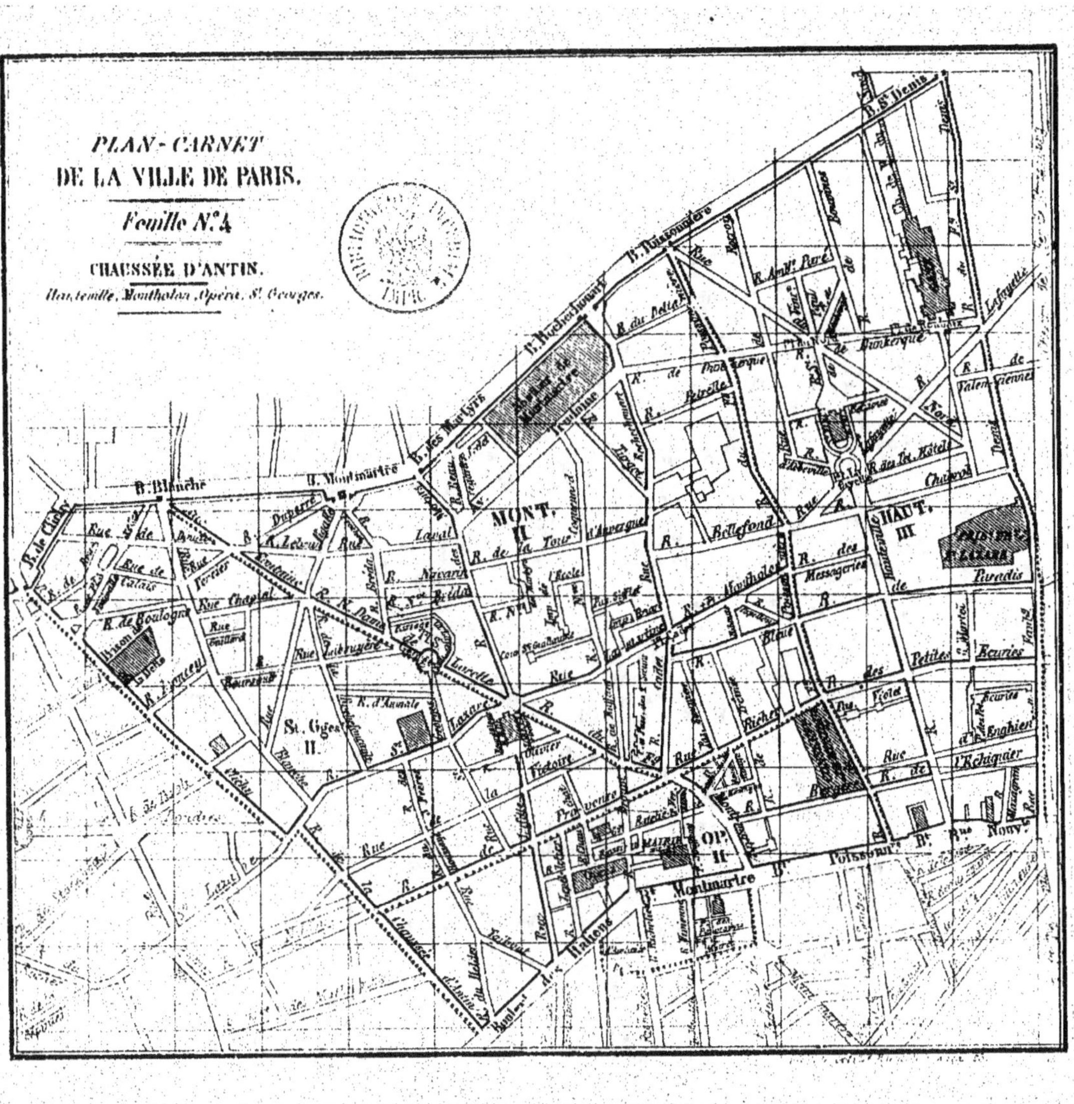

PLAN-CARNET
DE LA VILLE DE PARIS.
Feuille N.º 4
CHAUSSÉE D'ANTIN.
Hauteville, Montholon, Opéra, St. Georges.

Joinville, pas., 5. | Douane, F. DU TEMPLE=Corbeau. ‖ BD‡, BP‡.

Joquelet, 1. | St Jph., MONTMARTRE =N. D. DES VICTOIRES. ‖ BM‡, LG‡, FM‡, NS‡.

Josset, cité et pas., 6. | Roq., F. St ANTOINE=Charonne. ‖ TR‡.

Joubert, 3. | Mad., CHAUSSÉE D'AN-TIN=CAUMARTIN. ‖ CC‡, VIII‡, RB‡,

Jouffroy, pas., 4. | Op., b. MONT-MARTRE=Grange Batelière. ‖ B‡, NS‡, JR‡.

JOUFFROY, 10 | St Marcel, AUSTER-LITZ=GARE. ‖ GazGR→. | GR‡.

Jour, 1. | St Eust., COQUILLIÈRE=MONTMARTRE ‖ ←FavFM. | BM‡, VIII‡.

Jouy, 2. | H. de V., FOURCYSt=ANTOINE ‖ TR‡, CC‡, BI‡, LV‡.

Juges-Consuls, 2. | St Méry, VER-RERIE=Cl. St Méry. ‖ CC‡.

Juifs, 2. | Mt de P., Roi de Sicile=Rosiers.

Julienne, 10. | St Marcel, Pascal=Lourcine.

Jussienne, 1. | St Eust., Pagevin=MONTMARTRE. ‖ FM‡.

Jussienne, pas., 1. | St Eust., Jus-sienne=MONTMARTRE. ‖ FM‡.

Jussieu, 20. | J. des Pl., Cuvier=St VICTOR. ‖ FM‡, MC‡.

Kléber, 8. | Inv., d'Orsay, qu.=Suffren.

Laborde, r., pl. et imp., 3. | Roule, ROCHER=Miroménil ‖ BM‡.

Labourdonnaye, av., 8. | Inv., d'Or-say, qu.=LAMOTHE PIQUET. ‖ LG‡, HI, St Dominique.

LABOURDONNAYE, 8. | Inv., LAMOTHE PIQUET=LOWENDAL. ‖ DamLG→.

Labruyère, 4. | St Gges, N. D. DE LO-RETTE=Pigale. ‖ OB‡.

Lacuée, 6. | Qze Vgts, MAZAS, pl.=BERCY. ‖ BB‡, BL‡.

LAFAYETTE, r. et pl., 4, 5. | Haut., St Lt, F. St Mart.: F. POISSONNIERE=Pantin. ‖ FavNS←, Denain—Poissonnière. | VS, F. St Martin; DE, F. St Denis; PP‡, BE‡.

Laferrière, pas., 4. | St Gges, N. D. de LORETTE=Bréda ‖ OB‡.

Laffitte, pas., 4. | Op., Lepelletier=LAFFITTE. ‖ OB‡.

LAFFITTE, 4. | Op., St Gges: ITALIENS =Olivier. ‖ OmnOB→. | B‡, PP, Provence.

Laiterie, 2. | B. l'Abb., Arts=Com-merce.

LAMARTINE, 4. | Month., CADET =MARTYRS. ‖ ConsLL→. | OB‡, FM‡, JR‡, MC‡.

Lamoignon, cour et pas., 7. | Pal. de J., HORLOGE, qu.=cour Harlay. ‖ FM‡.

LAMOTHE-PIQUET, av., 8. | Inv., La-tour Maubourg = Lamothe Piquet, barr. ‖ DamLG→, Invalides—Ch. de Mars.

Lamothe-Piquet, barr. et chemin de ronde, 8. | Inv.

Lancry, 5. | F. St Mart., Douane: Bondy=Valmy, qu. ‖ B‡, TP‡.

Lanterne, 2. | St Méry, St Bon=St MARTIN. ‖ VS‡.

Lappe, 6. | Roq., ROQUETTE = Cha-ronne. ‖ LB‡.

Lard, r. et imp., 1. | Halles, Lingerie =Bourdonnais.

Larochefoucauld, 4. | St Gges, St LAZARE=Pigale. ‖ OB‡, N. D. de Lorette; LL‡.

Larrey, r. et imp., 7. | Ec. de Méd., Jardinet=ÉCOLE DE MÉDECINE. ‖ BI‡

Las-Cases, 9. | Min., BELLECHASSE=C. Périer. ‖ LG‡.

Latour-d'Auvergne, 4. | Month., ROCHECHOUART=MARTYRS. ‖ FM‡, JR‡.

Latour-Maubourg, boul., 8. | Inv., LAMOTHE PIQUET=Tourville. ‖ LG‡.

Laurent-Jussieu, cité, 8. | Inv., Gre-nelle=LAMOTHE PIQUET. ‖ LG‡.

Laval, 4. | St Gges, MARTYRS = Pi-gale. ‖ FM‡.

Lavandières, 7. | Maub., pl., GA-LANDE=NOYERS. ‖ PM‡, BI‡.

Lavandières, 1. | Lvre, Halles, St Germain l'A.=Ste Opportune, pl.

Lavoisier, 3. | Présid, Anjou = As-torg.

Leclerc, pas., 5. | Théâtres, Malte=Gd Prieuré.

Leclère, 10. | Obs., F. St JACQUES=St Jacques, boul. ‖ JR‡.

Legraverend, 6. | Qze Vgts, Mazas, boul.=Beccaria.

Lemoine, pas., Arts, pas. de la Lon-gue Allée=St DENIS. ‖ DE‡.

Lenoir, 6. | F. St Ant., M. Beauveau =F. St ANTOINE. ‖ TR‡.

Léonie, 4. | St Georges, Boursault=Chaptal.

Lepelletier, 4. | Op., ITALIENS=PRO-VENCE. ‖ B‡, OB‡, PP‡.

Lepelletier, pas., 4. | Op., Drouot=Lepelletier.

Lesdiguières, 2. | Ars., Cerisaie=St ANTOINE. ‖ TR‡, CC‡, BL‡, LV‡.

Licorne, 2. | Iles, Constantine = St Christophe.

Lille, 9. | Min., Sts PERES=BOURGO-GNE. ‖ OB‡, LG et MM, Bac; PP‡.

Limace, 1. | Halles, Déchargeurs=Bourdonnais.

Limoges, 2. | Arch., Poitou=BRETA-GNE. ‖ FR‡.

Lingerie, 1. | Halles, St HONORÉ=Poterie. ‖ CC‡.

Lions, 2. | Ars., Petit Musc=St Paul.

Lisbonne, 3. | Roule, Malesherbes=Cisalpine.

Lobau, 2. | Hôt. deV., GRÈVE=Fran-çois-Miron. ‖ TR‡, BL‡, LV‡.

Lobineau, 7. | Ec. de Méd., SEINE=Mabillon. ‖ VS‡, NS‡, BI‡, LV‡, PP‡.

LOMBARDS, 2 | Brg l'Ab., St MARTIN =St DENIS. ‖OmnCC→. | VS‡, DE‡.

Londres, cité et pas., 3. | Roule, Londres=St LAZARE. ‖ VII‡, LL‡.

Londres, 3. | Roule, CLICHY=Europe, pl. ‖ RB‡.

LONGCHAMPS, barr. et ch. de ronde, 8. | Ch. El. ‖ ConstLL

LONGCHAMPS, 8. | Ch. El., CHAILLOT =LONGCHAMPS, barr. ‖ ConstLL→.

Longue-Allée, pas., 2. | Arts, Pon-ceau=Nve St Denis.

Lord-Byron, 1 | Ch. El., Château-briand=Bel Respiro.

LOUIS-LE-GRAND, 1. | Tuil., Ital.: Nve Pts CHAMPS=ITALIENS. ‖ Omn CC→, Nve St-Augustin — Italiens; Gaz RB→, Port-Mahon — Italiens. | B‡, BM, Nve St-Augustin; VII, Nve des Pts-Champs; PP‡.

Lourcine, 10. | Obs., St M1: Mouffe-tard=Santé.

Louvois, 1. | Ital., RICHELIEU = Ste Anne. ‖ OB‡.

LOUVRE, pl. 1. | Lvre: qu. du Louvre et de l'École, pl. de l'Oratoire et St

Germain, Fossés St Germain, Pou-lies. || OmnBL→, FavNS←, Gaz GR→. | TR↑.

→LOUVRE, qu., 1. | Lvre. ||OmnTR→. | BL↑, NS↑, GR↑.

↙LOWENDAL, 8. | Inval., Tourville = ECOLE MILITAIRE, barr. ||DamLG→.

↗Lubeck, 8. | Ch. El., Croix Boissière = Trocadéro. || LL, Longchamps.

†Lully, 1. | Ital., Louvois=Rameau

↗Lune, 1. | B. Nlle, BONNE NOUVELLE = POISSONNIÈRE. | BI, MM↑↑.

†Luxembourg, 1. | Tuil., RIVOLI=MA-DELEINE. || BI, FR et PP, St-Honoré; BM↑, LN↑.

→Lycée, pas., 1. | Pal. R., BONS EN-FANTS=24 FEVRIER. || JR↑.

Lycée-Louis-le-Gr., pl ,7. | Sorb., St Jacques=Poirées.

↖LYON, 6. | Qze Vgts, Mazas, boul.= CONTRESCARPE. || ParLV→. | BI, TR↑, BM↑, BB↑, LB↑, CC↑, BL↑.

↘Lyonnais, 10. | Observ., Lourcine= Charbonniers.

↘Mabillon, 7. | Ec. de Méd., Four = St SULPICE. || OB↑, VS↑, BI↑, LV↑, PP↑.

←Mâcon, 7. | Sorb., St ANDRÉ DES ARTS = HARPE. || VS↑, DE↑.

↓Maçons, 7. | Sorb., MATHURINS = SORBONNE. || BI↑, JR↑.

↘Madame, 9. | Lux., Mézières=Ouest. || LV, Vaugirard.

↗MADELEINE, boul., 1, 3. | Tuil., Mad.: CAPUCINES = MADELEINE. || OmnB et BM→, OmnFR→, Duphot — Made-leine; OmnMN→. | VI↑.

Madeleine, pl. 3. | Mad., MADELEINE, boul., Desèze, TRONCHET, Ch. La-garde, Malesherbes, ROYALE. ||Omn MN→, FR et BM→. | BI.

→Madeleine, galerie. 3. | Mad., MADE-LEINE, pl. = MADELEINE. || MN↑, FR↑, LL↑

†MADELEINE, 3. | Présid., Mad.: F. St HONORÉ=NVE DES MATHURINS. || ConstLL←. | MN↑, FR↑.

→Madeleine, pas., 3. | Mad., MADE-LEINE, pl.=Arcade.||BI, MN↑, FR↑, BM↑.

↗Madrid, 4. | Roule, Europe=Males-herbes. || BM, Rocher.

†Magdebourg, 8. | Ch. El., BILLY, qu. = Batailles. || CP↑.

↗Mail, 1. | St Jph, PETITS PÈRES= MONTMARTRE. || BM↑, LG↑, MM↑, FM↑, NS↑, BP↑.

↘MAINE, aven., 9. | Lux., MONTPAR-NASSE, boul., = MAINE, barr. || Tric MM→. | LV↑.

MAINE, barr. et ch. de ronde, 9. | Lux. || TricMM.

↓Maître-Albert, 7. | Pl. Maub., TOUR-NELLES = Maubert, pl. ||OR↑, FM↑.

←MALAQUAIS. qu., 9. | Mon.||ParTP→, quai Conti—Petits-Augustins; ParLV→. | OB↑.

↓Malar, 8. | Inv., d'Orsay, qu. = St DOMINIQUE. || BI↑.

↖Malesherbes, boul., 3. | Mad., MADE-LEINE, pl. = Arcade. || MN↑, FR↑, LL↑.

↖Malesherbes, 3. | Roule, Laborde, pl. = Monceaux.

↖Malte, 5. | Théâtres, Ménilmontant = F. DU TEMPLE. || BD↑, BP↑.

→Malte, cour et pas., 1. | Pal. R., St Guillaume, pas. = Fontaine Mo-lière.

→Mandar, 1. | St Eust., Montorgueil = MONTMARTRE. || FM↑.

↘Manège, pas., 9. | Bab., Cherche Midi =VAUGIRARD. || LV↑.

↖Marais, 5. | Douane, F. St Mart.: F. DU TEMPLE = F. St MARTIN. || VS↑, BD↑, BP↑.

↙Marais, 9. | Mon., SEINE=PTS AU-GUSTINS. || TP↑, LV↑.

↗Marbeuf, aven., 8. | Ch. El., Mar-beuf=CH. ELYSÉES. || LN↑, LL↑.

↗Marbeuf, 8. | Ch. El., Bizet = CH. ELYSÉES. || LN↑, LN↑.

†Marc-Foy, 5. | F. St Mart., Grand St Michel=Ecluses.

→Marché d'Aguesseau, 3. | Présid., Aguesseau=Saussaies.

→Marché des Blancs-Manteaux. 2. | Mt de P., Vlle du Temple=Hospi-talières.

↘Marché-aux-Chevaux, 10. | St MI, Poliveau=Hôpital. || MC↑.

↓Marché-aux-Fleurs, 2. | Iles, Pel-leterie=Constantine. || VS↑.

←Marché-Neuf, qu., 2. | Iles. || DE↑, VS↑, JR↑, FM↑.

←Marché-Neuf, 2 | Iles, CITÉ=Mar-ché-Neuf.|| LV↑.

↙Marché-des-Patriarches, pas., 10. | J. des Pl., Patriarches=Mouffetard.

↘Marché des Patriarches, 10. | J. des Pl., Patriarches=Orléans.

†MARCHÉ St HONORÉ, 1. | Pal. R., St HONORÉ=NVE PTS CHAMPS. || Omn CC→. | FR↑, VII↑.

MARCHÉ St JEAN, pl., 2. | Mt de P., Ri-voli, Verrerie, Bourtibourg, Bercy. || OmnCC, HirMC.

†Marché St-Laurent. 5. | St Lt, St Laurent=Chabrol.

MARIE, pont, 2. | Ars., Iles. || Béarn BI→, HirMC←. | BL↑.

↗Marie-Stuart. 1. | St Sauv., Deux-Portes=Montorgueil.

→Marigny, aven., 3. | Présid., Ga-brielle, aven. = F. St HONORÉ. | MN↑, FR↑, LN↑, LL↑.

†Marivaux, 1. | Ital., Grétry = ITA-LIENS. || BI, OB↑.

†Marmite Commerce, pas., 2. | Arts, Volta=PHELIPPEAUX. || FR↑.

←Marmouzets, 2. | Iles, Colombe = CITÉ. || LV↑.

↘Marmouzets, 10. | St MI, Gobelins= St Hippolyte.

↗Marseille, 5. | Douane, Entrepôt = Valmy.

†Marsollier, 1. | Ital., Méhul=Mon-signy.

†Martel, 4. | Haut., PTES ECURIES= PARADIS. || LG↑, MC↑, LL↑.

↓Martignac, 9. | Min., St DOMINIQUE =GRENELLE. || LG↑, PP↑, BI↓.

MARTYRS, barr. et ch. de ronde, 4. | Month. || FavFM, ExcBE.

†MARTYRS, 4 | Month., N. D. DE LO-RETTE=MARTYRS, barr. ||FavFM→ | OB↑, LL↑, BE↑.

†Masséna, 1. | Pal. R., RICHELIEU= Hoche. ? OB↑.

↘Masseran, 9. | Bab., Eblé=SÈVRES. || VII↑.

↓Massillon, 2. | Iles, Chanoinesse=Cl. Notre Dame.

†Mazure, 2. | Hôt. de V., ORMES, qu. =Hôtel de Ville. || BL↓, MC↓.

↙MATHURINS, 7. | Sorb., St JACQUES= HARPE. || BéarnBI→, HirRJ←, Sorbonne—St-Jacques. | DE↑.

↗MATIGNON, r. et av., 3, 8. | Ch. Elys., Présid.: CH. ELYSÉES = F. St HO-NORÉ. || ConstLL←. | MN↑, FR↑, LN↑.

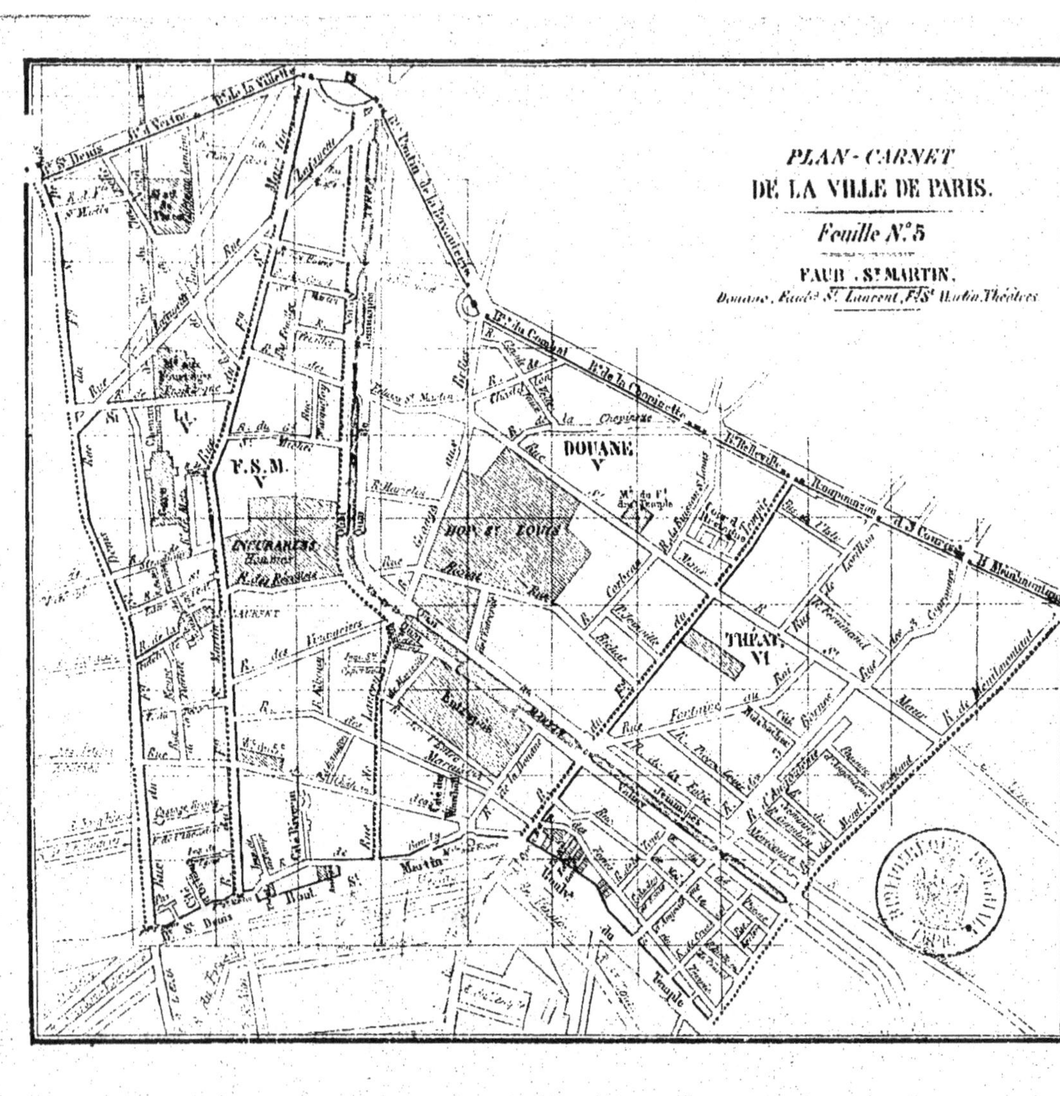

PLAN-CARNET
DE LA VILLE DE PARIS.
Feuille N.º 5
FAUB. St MARTIN.
Douane, Fauchst St Laurent, F. St Martin, Théâtres
DOUANE
V
F.S.M.
V.
ROY St LOUIS
THÉAT.
VI

Maubert, pas.,7. | Pl. Maub., MAU-BERT, pl.=NOYERS.

MAUBERT, pl. 7. | Pl. Maub., *Grands Degrés, Bûcherie, Bièvre,* NOYERS, GALANDE, St VICTOR, *Lavandières, Trois Portes, Maitre Albert.*] Fav FM→. | BI†.

Maubeuge, 4. | Haut., *Nord* = Bou-vines.

Maubuée, 2. | St Méry, *Beaubourg* = St MARTIN. || VT†.

MAUCONSEIL, 1. | St Sauv., St DENIS = MONTORGUEIL. || OmnFR→. | DE†.

Maure, 2. | Arch., *Beaubourg* = St MARTIN. || VS†, MC†.

† Mauvais-Garçons, 2 | Mt de P., *Rivoli*=VERRERIE. || CC†.

Mayet, 9. | Bab., SÈVRES = *Cherche Midi.* || MN†, VII†.

Mazagran, pas., 4. | Haut., F. St DENIS=*Mazagran.* || BI, MV†.

† Mazagran, rue et imp., 4 | Haut., BONNE NOUVELLE=*Echiquier.* || BI, MM†.

Mazarine, 9. | Mon., SEINE=BUSSY, carr. || VS†, VII†, NS†, LV†.

Mazas, 6. | Qze Vgts, MAZAS, pl.= TRÔNE. || LV, TR†, CC, Charenton; BB, Bercy; BL†.

MAZAS, pl., Qze Vgts, RAPÉE=CON-TRESCARPE. ||→OmnBB, OmnBL→.

Méchain, 10. | Obs., *Santé*=St JAC-QUES. || JR†.

Mécaniques, 2. | B. l'Abbé, Arts=Commerce.

MÉGISSERIE, qu.,1. | Lvre, || OmnTR et BL→, HirJR←. | DE†, VII†, FM† NS†, GR†, TP†.

† Méhul, 1. | Ital., NVE Prs CHAMPS= *Ventadour.* || VII†.

Ménars, 1. | Ital., RICHELIEU=*Gram-mont,* || OB†.

Ménilmontant, barr. et ch. de ronde, 5, 6. | Pop., Théâtres.

Ménilmontant, 5, 6. | Théâtres, Pop.; FILLES DU CALVAIRE = Ménilmon-tant, barr. || BI.

Mercier, 1 | Banque, *Viarmes*=GRE-NELLE. || LG†, TP†.

Meslay, 2. | Temple, TEMPLE = St MARTIN. || VS†, BD†, BP†, MC†.

Messageries, 4. | Haut., *Hauteville* =F. POISSONNIÈRE. || NS†, PP†.

Messageries générales, pas., 1. | Ban-que, St HONORÉ=GRENELLE. || CC†, RJ†, TP†, LG†.

Messageries nationales, pas., 1. | St Jph, MONTMARTRE = N. D DES VICTOIRES. || BM†, NS†, FM†, LG†.

Messine, 3. | Roule, *Cisalpine*=Plai-sance.

Métiers, 2. | B. l'Ab., Arts = Com-merce.

† Metz, 5. | St Lt. *Chabrol*=*Nancy.*

Mézière, 9. | Lux., POT DE FER = *Cassette.* || LV†.

Michel-le-Comte, 2. | Arch., TEMPLE = *Beaubourg.* || BD†.

Michodière, 1. | Ital., NVE St AUGUS-TIN=ITALIENS. || BI, BM†, RB†.

Mignon, 7. | Ec de Méd., *Serpente*= Jardinet.

Milan, 3. | Roule, CLICHY=*Amster-dam.* || RB†.

Milieu-des-Ursins, 2. | Iles, *Napo-léon,* qu.=Ilte des Ursins.

Minimes, 2. | Marais, *Ch. Minimes*= St Louis.

Miracles, cour, 1. | B. Nlle, *Forges*= Damiette.

Miracles, pas., 2. | Marais, *Jean Beausire*=Tournelles.

Miroménil, 3. | Présid., Roule; F. St HONORÉ=*Cisalpine.* || MN†, FR†, LL†.

Mogador, 3. | Mad., *Nve Mathurins* =St Nicolas.

Moineaux, 1. | Pal. R., *Orties* = St ROCH. || RB†.

Moineaux, pas., 1. | Pal. R.; *Argen-teuil*=Moineaux.

Molay, 2. | Arch., *Portefoin*=BRE-TAGNE. || FR†.

Molière, pas., 2. | B. l'Ab., St MAR-TIN=*Quincampoix.* || VS†, MC†.

Molière, 7. | Ec. de Méd., ODÉON = VAUGIRARD. || OB†, PP†.

MONCEAUX, barr. et ch. de ronde, 3. | Roule. || OmnBM, ExcBE.

Monceaux, 3. | Roule, F. St HONORÉ =*Chartres.* | MN†, FR†.

Moncey, 4. | StGges, *Blanche*=CLI-CHY. || RB†.

† Mondétour, 1. | Halles, St Sauveur; Prêcheurs = MAUCONSEIL. || FR†, BM, Rambuteau.

† Mondovi, 1. | Tuil., RIVOLI = Mon-thabor. || LN†.

† MONNAIE, 1. | Lvre, St Eust.; PONT NEUF = St EUSTACHE. || OmnFR St-Eustache — St-Honoré; FavVII→, Pont-Neuf — Saint-Honoré; → FavFM. | TR†, BM†, BL†, CC, Saint-Honoré; NS†, GR†, JR†, TP†.

Monsieur, 9. | Bab., *Babylone*=Ou-dinot.

MONSIEUR-LE-PRINCE, 7, 9. | Ec. de Méd., Sorb., Lux.; ODÉON, carr. = St MICHEL, pl. || ParPP←, pl. Saint-Michel—Racine | VS†, DE†, NS†, BI†.

† Monsigny, 1. | Ital., *Dalayrac*=NVE St AUGUSTIN. || BM†.

MONTAIGNE, av., 8. | Ch. El., BILLY, qu.=CHAMPS ELYSÉES. || OmnCP←, Jean-Gonjon — Billy. | LN†, LL†.

† Montaigne, 3, 8. | Ch. El., Mad.; CH. ELYSÉES = F. St HONORÉ. || MN†, FR†, LN†, LL†.

Montagne, 7, 10. | Pl. Maub., J. des Pl.; St VICTOR=PANTHEON. || BI†, PP†.

MONTEBELLO, qu., 7. | Pl. Maub. || Gaz GR→. | FM†, JR†, LV†.

† Montesquieu, pas., 1. | Banque, *Cl. St Honoré*=Montesquieu.

Montesquieu, 1. | Banque, CROIX Pts CHAMPS = BONS ENFANTS. || MM†, NS†, JR†.

Montfaucon, 7. | Ec. de Méd., *Four* =Clément. || VII†.

Montgallet, 6. | F. St Ant., CHAREN-TON=*Reuilly.* || CC†.

† Montgolfier, 2. | Arts, Conté=*Vertbois*

MONTHOLON, r. et pl., 4. | Month., F. POISSONNIÈRE = ROCHECHOUART. || ConstLL→, Papillon — Cadet. | NS†, JR†, MC†, PP†.

Monthyon, 4. | Op., *Geoffroy Marie* =Trévise. || FM†, JR†.

Montmartre, barr. et ch. de ronde, 4. | StGeorges. || ExcBE.

MONTMARTRE, boul., 4. | Op., b.Pois-SONNIÈRE = ITALIENS. || OmnB→, FavNS→, Faub. Montmartre — Vivienne; HirJR←. | OB†, FM†, LG†.

Montmartre, cité et pas., 1. | St Eust. MONTMARTRE = Vx AUGUSTINS. || FM†, LG†.

MONTMARTRE, 1, 4. | St Eust., St Jh, Op.; St EUSTACHE, pl.=MONTMAR-TRE, boul. || DamLG←, boul. Poisson.

nière—Ve-Augustins; TrieMM←, Cléry—
Fossés Montm., FavFM↑ St Eustache—boul.
→boul. Montmartre—
Montmartre; | B↑, FR↑, BM↑, NS↑, BP
Jour.
et TP, Nve-St-Eustache, JR↑.
Fossés-Montmartre;
→ *Montmorency*, 2. | Arch., TEMPLE=
St MARTIN, ‖ VS↑, BD., MC↑.
† MONTORGUEIL, 1. | St Eust., St Sauv. :
RAMBUTEAU = *St Sauveur*, ‖ Omn
FR←, Mauconseil—St-Eustache | BM↑.
MONTPARNASSE, barr. et ch. de ronde,
9 | Lux, ‖ ParTP.
←MONTPARNASSE, boul., 9. | Bab., Lux :
SÈVRES = ENFER. ‖ TrieMM←, Sèvres
— Vaugirard | BE↑, VII↑; TP, Montpar-
nasse; LY, Vaugirard.
† MONTPARNASSE, 9. | Lux., N. D. DES
CHAMPS = MONTPARNASSE, barr. ‖
ParTP→.
Montreuil, barr. et ch. de ronde, 6. |
F. St Ant., Roq.
↗ *Montreuil*, 6. | F. St Ant. Roq. : F.
St ANTOINE = Montreuil, barr. ‖
TR↑.
→Mont-Thabor, 1. | Tuil., *Alger*=*Mon-
dovi*.
† *Moreau*, 6. | Qze Vgts, BERCY=CHA-
RENTON. ‖ BB↑, LV↑.
→MORLAND, boul., 2. | Ars., *Bourdon*=
Petit Musc. ‖ OmnBL→
→ *Mornay*, 2. | Ars., *Sully*=*Crillon*.
→Moscou 3. | Roule, *Berlin* = *Réfor-
me*, barr.
↘ MOUFFETARD, 10. | J. des Pl., Obs.,
St MI : Fourcy, Italie, ‖ FavFM←,
barrière Fontainebleau — Fossés-St-Marcel :
HirMC→, Pascal — Fer-à-Moulin
↖ *Mouffle*, 6. | Pop., *Chemin Vert* =
Jemmapes, qu.
↗ *Moulins*, 6. | F. St Ant., *Reuilly*=
Picpus.
† *Moulins*, 1. | Pal. R., Orties = NVE
PTS CHAMPS. ‖ VII↑.
† *Mousquetaires*, 6. | Qze Vgts, RAPÉE
=BERCY, ‖ BB↑, BL↑.
↑ *Moussy*, 2. | Vt de P., VERRERIE =
Ste CROIX. ‖ CC↑, MC↑.
↖ *Muette*, 6. | Roq., *Charonne*=RO-
QUETTE. ‖ LB↑.
↖ *Mulhouse*, 1. | St Jh, CLÉRY = *Jeû-
neurs*, ‖ MM↑.
↗ *Munich*, av., 3. | Roule, *Plaisance*=
Miromenil.
† *Mûrier*, 10. | J. des Pl., St VICTOR=
Traversine. ‖ FM↑, BI↑.
Murs-de-la-Roquette, 6. | Roq., RO-
QUETTE—*Muette* ‖ LB↑.
→*Nancy*, 5. | St Lt, F. St MARTIN=
Metz, ‖ VS↑.
↗NEUVE DE BERRY, 8. | Ch. El., CH.
ELYSÉES = F. St HONORÉ, ‖ MN↑,
FR↑, LN↑, LL↑.
† NEUVE-DES-BONS-ENFANTS, 1. | Pal.
R., Banque : BONS ENFANTS=NVE
PTS CHAMPS. ‖ HirJR→. | VII↑.
→ *Neuve-Bourg-l'Abbé*, 2. | B. l'Ab.,
St MARTIN = *Bourg-l'Abbé*. ‖ VS↑,
MC↑.
→*Neuve-Bréda*, 4. | St Gges, MAR-
TYRS=pl. Bréda. ‖ FM↑.
→NEUVE-DE-BRETAGNE, 2. | Marais,
FILLES DU CALVAIRE = *Nve Ménil-
montant*. ‖ TR↑.
↖ NEUVE-DES-CAPUCINES, 1. | Tuil.,
PAIX=CAPUCINES. ‖ FavVII→. | B↑,
PP↑.
† *Neuve-Coquenard*, 4. | Month., LA-
MARTINE = *Latour-d'Auvergne*. ‖
LL↑.
† *Neuve-de-la-Fidélité*, 5. | St Lt, Châ-
teau d'Eau = FIDÉLITÉ ‖ LG↑, LL↑.
† *Neuve-Fontaine*, 4. | St Gges, FON-
TAINE = Ch. de ronde. ‖ OB↑.
↘ *Neuve-Guillemin*, 9 | Lux., FOUR=
Vx COLOMBIER. ‖ OB↑, BI↑, PP↑.
↖ *Neuve-de-Lappe*, 6. | Roq., *Cha-
ronne*=ROQUETTE. ‖ LB↑.
→ *Neuve-des-Martyrs*, 4. | Month.,
MARTYRS = *Latour-d'Auvergne*. ‖
FM↑.
↗NEUVE-DES-MATHURINS, 3. | Mad.,
CH. D'ANTIN=MADELEINE. ‖ Const
LL→, Arcade — Madeleine. | BM, Ferme-
des-Mathurins; CC↑, VII, Caumartin; RB↑
PP↑.
↗ *Neuve-Ménilmontant*, 2. | Marais,
St LOUIS = FILLES DU CALVAIRE,
boul. ‖ B↑.
† *Neuve-Montmorency*, 1. | Ital., *Fey-
deau*=*St Marc*.
←*Neuve-Notre-Dame*, 2 | Iles, Parvis-
Notre-Dame=CITÉ. ‖ LV↑.
→NEUVE-DES-PETITS-CHAMPS, 1. | Pal.
R., St Jh, Ital., Tuil. : BANQUE=
VENDOME, pl. ‖ FavVII→, HirJR→,
Nve-Bons-Enfants — Vivienne; →FavFM,
Vivienne — Feuillade. | OB, Richelieu ;
CC, Marché-St-Honoré, RB, St-Roch, PP↑
Antin ; Gaillon ;
† *Neuve-des-Poirées*, 7. | Sorb., GRÈS
=SOUFFLOT. ‖ JR↑, PP↑.
↖ *Neuve-Popincourt*, 6. | Pop., *Ménil-
montant*=Beslay, pas.
←*Neuve-de-Richelieu*, 7. | Sorb., *Sor-
bonne*=HARPE. ‖ DE↑, JR↑.
→*Neuve St Anastase*, 2. | Marais, *St
Louis*=St Gervais.
↗NEUVE-SAINT-AUGUSTIN, 1. | Ital.,
Tuil. : RICHELIEU = CAPUCINES,
boulevart. ‖ OmnBM→, OmnCC→
Antin — Louis-le-Grand. | B↑, OB↑,
RB Gaillon, PP, Paix.
Port-Mahon ;
† Neuve-St-Denis, pas., 2 | Arts, *Nve
St Denis*=*Ste Appoline*.
→*Neuve-Saint-Denis*, 2. | Arts, St DE-
NIS = St MARTIN. ‖ VS↑, DE↑, BP↑,
MC↑.
↖ *Neuve-Saint-Étienne*, 1. | B. Nlle,
Beauregard = BONNE-NOUVELLE. ‖
B↑, MM↑.
←*Neuve-St-Étienne*, 10. | J. des Pl.,
Copeau=Contrescarpe.
↗NEUVE-St-EUSTACHE, 1. | St Eust.,
St Jh : MONTMARTRE=*Montorgueil*.
‖ CtBP←, ParTP←. | LG↑, MM↑,
FM↑.
↖ *Neuve-St-François*, 2. | Marais, *St
Louis*=*Ville du Temple*.
↖ *Neuve-St-Maur*, 6. | Pop., ROQUETTE
=Amandiers. ‖ LB↑.
←*Neuve-St-Médard*, 10. | J. des Pl.,
Gracieuse=*Mouffetard*.
←*Neuve-St-Méry*, 2. | St Méry, TEM-
PLE=St MARTIN. ‖ VS↑, BD↑, MC↑.
→*Neuve-St-Paul*, 2. | Ars., *Petit Musc*
=St Paul
↖*Neuve-St-Pierre*, 2. | Marais, *St Gil-
les*=Douze Portes.
↗ *Neuve-St-Sauveur*, 1. | B. Nlle, *Petit
Carreau*=*Damiette*.
→NEUVE-Ste-CATHERINE, 2. | Marais,
Mt de P. : St Louis=Pavée. ‖ Omn
BM→.
↘*Neuve-Ste-Geneviève*, 10. | Obs.,
Fourcy, pl.=Postes.
↘*Neuve-de-l'Université*, 9. | Min., *Uni-
versité*=St Guillaume.
† *Neuve-du-Colombier*, 2. | Marais,
St ANTOINE=Ormesson. ‖ TR↑, CC↑,
BL↑, LV↑.

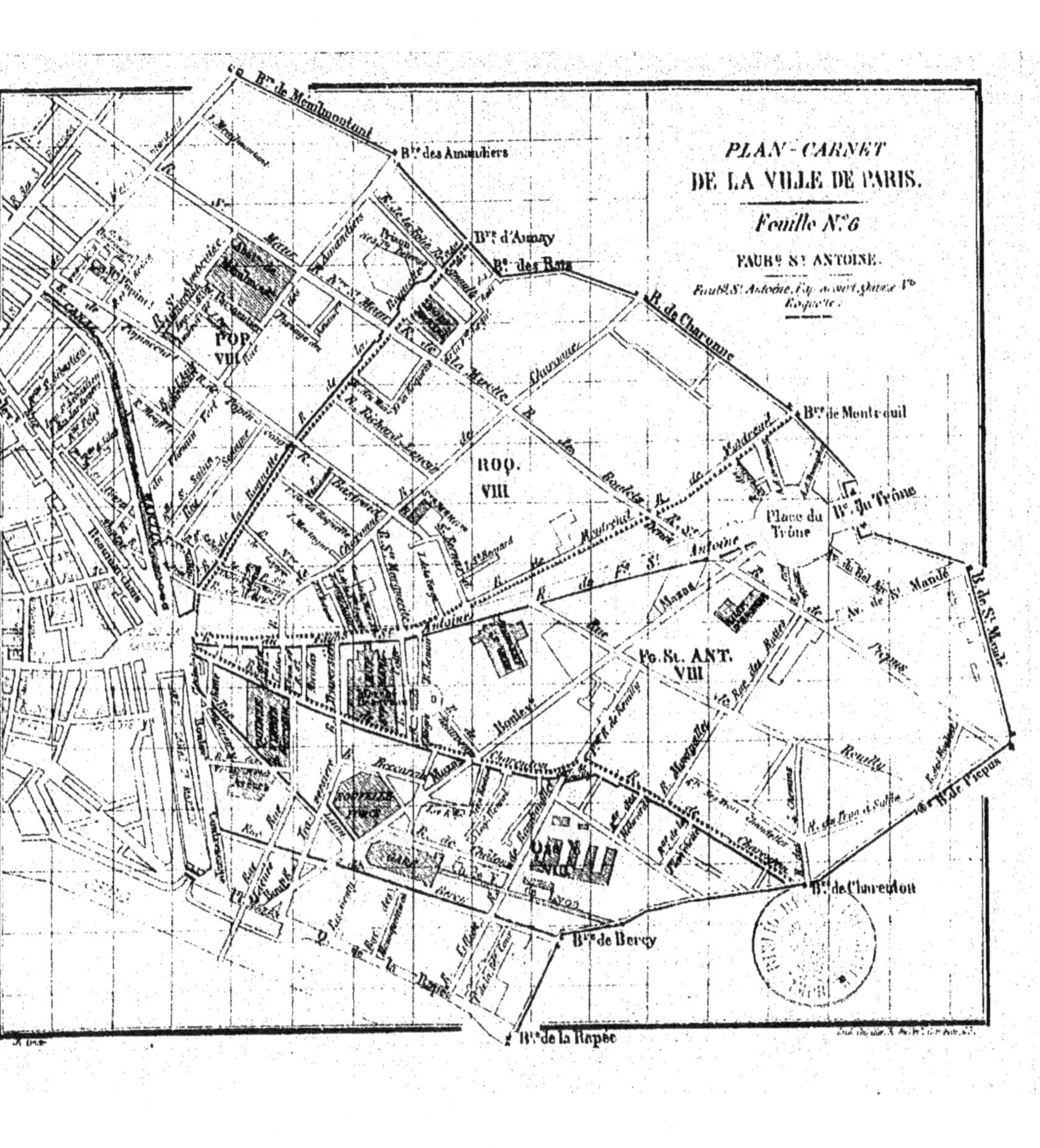

PLAN-CARNET
DE LA VILLE DE PARIS.
Feuille N.º 6
FAUBG S.T ANTOINE.
Faubg S.t Antoine, Fg a vert Squaren V.e
Roquette
Br de Ménilmontant
Br des Amandiers
Brt d'Aunay
Br des Rats
R. de Charonne
Br de Montreuil
Br du Trône
Place du Trône
Br de St Mandé
Br de St Mandé
POP. VIII
ROP. VIII
Fg St Antoine
Fg St. ANT. VIII
Rouilly
Gr Br de Picpus
Br de Charenton
Br de Bercy
Br de la Rapée

Naples, 3. | Route, Europe, pl. = Réforme, barr.

Napoléon, qu., 2. | Iles, ‖ VS|, LV|.

Navarin, 4 | St Ges, MARTYRS = Bréda. ‖ FM|.

Nazareth, 1. | Pal. de J., Ste Chapelle = Jérusalem.

Necker, 2. | Mar., Ormesson = Jarente.

Némours, r. et pl., 5. | Théâtres, Ménilmontant = Angoulême.

NEUF, pont, 1, 7. | Louvre, Pal. de J. : ‖ FavVII<-, FM<-, et NS->, Gaz GR<-, ParTP->. ‖ TR|, BL|, JR|, LV|.

Nevers, 9. | Mon., CONTI, qu. = Anjou. ‖ TP|, LV|.

Neveux, pas., 5. | St Lt, Nve Fidélité = F St DENIS. ‖ DE|.

Newton, 8. | Ch. El., Ch. de ronde = Banquet.

Nicolas-Flamel, 2. | B. l'Ab., Rivoli = LOMBARDS ‖ CC|.

Nicolet, 8. | Inv., d'Orsay, qu. = Université.

Noir, pas., 1. | Pal. R., NEUVE BONS ENFANTS = 21 Février. ‖ JR|.

NONAINDIÈRES, 2. | Hôt. de V., Ars. : ORMES, qu. = Jouy. ‖ BéarnBI<-. | BL|. MC|.

Nord, r. et pl., 4. | Haut., St Quentin = POISSONNIÈRE, barrière. ‖ NS Lafayette; PP|, BE|.

Normandie, 2. | Temple, Périgueux = Charlot.

NOTRE-DAME, pont, 2. | St Méry, Iles. ‖ DamVS->, ParLV->. | TR|, BL|.

Notre-Dame, 1. | B. Nlle, Beauregard = BONNE NOUVELLE. ‖ B|, MM|.

NOTRE-DAME-DES-CHAMPS, 9. | Lux., VAUGIRARD = Observatoire. ‖ Par TP->, Regard — Montparnasse. | LV|.

Notre-Dame-de-Grâce, 3. | Présid., MADELEINE = Anjou. ‖ LL|.

NOTRE-DAME-DE-LORETTE, 4. | St Ges, St LAZARE = Pigale. ‖ Omn OB->. | FM|, LL|.

NOTRE-DAME-DE-NAZARETH, 2. | Temple, TEMPLE = St MARTIN. ‖ CIRBP->. | VS|, BD., MC|.

Notre-Dame-de-Recouvrance, 1. | B. Nlle, Beauregard = BONNE NOUVELLE. ‖ B|, MM|.

NOTRE-DAME-DES-VICTOIRES, 1. | St Jh, Ital. : PETITS PÈRES = MONTMARTRE. ‖ OmnBM->, FavNS, Petits-Pères — Bourse. | LG|, FM|, BP|,

NOYERS, 7. | Pl. Maub., MAUBERT, pl. = HARPE. ‖ BéarnBI->. | FM|, JR|.

OBLIN, 1. | Banque, VIARMES = COQUILLIÈRE. ‖ <-FavFM, ->OmnFR. | BM|, VII|.

Observatoire, carr., 9, 10. | Lux., Obs. : Grille du Luxembourg, Est, Ouest, ENFER, Montparnasse, boul. ‖ DE|.

Observatoire, av. | Lux., Obs. : Luxembourg = Observatoire. ‖ DE|.

ODÉON, carr., 7. | Ec. de Méd. : ANCIENNE COMÉDIE, ÉCOLE DE MÉDECINE, QUATRE-VENTS, Condé, ODÉON, Monsieur-le-Prince. ‖ DamVS->, FavNS->, Béarn BI->, ParPP->. | VII|.

ODÉON, pl., 7. | Ec. de Méd. : ODÉON, Crébillon, Regnard, Molière, Corneille, RACINE, Voltaire. | Par PP->. | OP|.

ODÉON, 7. | Ec. de Méd., ODÉON, carr. = ODÉON, pl. ‖ ParPP->. | VS|, VS|, BI|.

Oiseaux, 2. | Arch., Enfants Rouges, marchés = Beauce.

Olivet, 9. | Bab., Vanneau = Traverse.

Olivier, 4. | St Georges, F. MONTMARTRE = Saint Georges. ‖ OB pl. N. D. de Lorette, FM|.

Opéra, pas., 4. | Op., ITALIENS = Lepelletier. ‖ B|, OB|.

Orangerie, 10. | St Ml., Orléans = Censier.

ORATOIRE, pl. 1. | Louv., LOUVRE, pl. = BIBLIOTHÈQUE. ‖ OmnLV->, Omn BL<-, FavNS<-, GazGR->.

Oratoire, 1. | Louvre, ORATOIRE = St HONORÉ. ‖ FR|, BL|, CC|, NS|, GR|, JR|, TP|.

Oratoire, 8 | Ch. El., CH. ELYSÉES = F. St HONORÉ. ‖ MN|, FR|, LS|.

ORFÈVRES, quai, 7. | Pal. de Just. ‖ FavFM->. | NS|, VS|, DE|, VII|, GR|, JR|, TP|.

Orfèvres, 1. | Louvre, St Germain = Jean Lantier.

Orillon, r. et imp., 5 | Théâtres, St Maur = Ramponneau, barr.

Orléans, quai. 2. | Iles. ‖ BI|, MC|.

Orléans, 1. | Banque, St Honoré = Deux Ecus. | FR|, CC|, JR|, TP|.

Orléans, 10. | St Ml, J. des Pl. : Geoffr. St Hil. = Mouffetard. ‖ FM|, MC|.

Orme, 2. | Ars., Mornay = St ANTOINE. ‖ TR|, CC|, BI|, LP|.

Ormeaux, av. et r., 6. | F. St A., TRONE = Montreuil. ‖ TR|.

ORMES, quai, 2. | Ars., H. de V. ‖ OmnBL->, HirMN->, p. Marie—Grève | BI|.

Ormesson, 2. | Marais, Val Ste Catherine = Culture Ste Catherine.

ORSAY, quai, 8, 9. | Min., Inv. ‖ Par PP->, Bourgogne—Concorde, p. | LG|, OB|, MM|.

Orties, 1. | Pal. R., Argenteuil = St Anne.

Oseille, 2. | Marais, St Louis = Ville du Temple.

Oudinot, 9. | Bab., Vanneau = Invalides.

Ouest, 9 | Luxemb., VAUGIRARD = Observatoire. ‖ LV|.

Ours, 2. | B. l'Ab., St MARTIN = St DENIS. ‖ FR|, VS|, DE|, MC|.

Pagevin, 1. | St Eust., J.-J. Rousseau = VICTOIRES, pl. ‖ BM|, LG|, Vieux Augustins; MM|, VII|, NS|, BP|, TP|.

Paillassons, ch. de ronde, 8. | Inv.

Paillassons, 8. | Pérignons = Bellart.

PAIX, 1. | Tuil., VENDOME, pl. = CAPUCINES, boul. ‖ ParPP->. | B|, BM, Nve St Augustin; VII, Nve des Capucines | Nve des Pts Champs.

PALAIS-BOURBON, pl., 9. | Min : Université = BOURGOGNE. ‖ ParPP->.

PALAIS-DE-JUSTICE, pl. 2. | Iles, BARILLERIE = Constantine. ‖ Dam VS->, Fav DE->, HirJR->.

PALAIS ROYAL, pl., 1. | Tuil. : RIVOLI = St HONORÉ. ‖ DamLG->, Tric MM->, GazRB->, GazGR<-, Omn TR->, CC->, OB|, LN-> et FR->. | CP|.

Palatine, 7. | Ec. de Méd., Garancière = Féron.

Panoramas, pas., 4. | Op., VIENNE, St Marc = MONTMARTRE,

boul. ‖ B†, LG†, FM†‖, NS†, JR†↑.
PANTHÉON, pl., 7. | Pl. Maub. ‖ Par PP→.
Pantin, barr. et ch. de ronde, 5. | Douane, F. St Martin.=ExcBE.
†Paon-Blanc, 2. | Il. de V., ORMES, qu.=Hôtel de Ville. ‖ BL†.
↓Paon, 10. | J. des Pl., St VICTOR= Traversine. ‖ FM†, BI†.
↖PAPILLON, 4. | Montm., BLEUE= MONTHOLON. ‖ ConstLL→. | NS†, MC†, PP†.
↓Papin, 10. | St MI, Austerlitz= GARE. ‖ GR†.
→PARADIS, 4. | Mt de P, Arch.: Vlle du Temple=Chaume. ‖ Omn BM→.
→PARADIS, 4. | Haut., F. St DENIS, F. POISSONNIÈRE. ‖ Dam LG→, F. St Denis—Hauteville; Const LL→. | DE†, NS†, MC†, PP†.
→Parc, 2. | Marais, St Louis=Thorigny.
←Parcheminerie, 1. | Sorb. St JACQUES =HARPE. ‖ DE†, JR†.
↗Parme, 3. | Roule, CLICHY=Amsterdam. ‖ RB†.
↖Parmentier, av., 6. | Pop., Amandiers =St Ambroise.
Parvis-Notre-Dame, pl., 2. | Iles ; Arcole, ci N. Dame, Nve N.Dame, St Christophe.
↓Pascal, 10. | St MI, Mouffetard=Ch. de l'Alouette.
→PAS-DE-LA-MULE, 2. | Marais, BEAU-MARCHAIS, boul., = VOSGES, pl. ‖ OmnBM→. | BI.
PASSY, barr. | Ch. El. ‖ OmnCP→.
→Pastourele, 2. | Arch., Gd Chantier =TEMPLE. ‖ BD.
Patriarches, pas., 10. | J. des Pl., Marché des Patriarches=Mouffetard.
↖Patriarches, 10. | J. des Pl., Epée de Bois=Orléans.
→Paul-le-Loup, 1. | St Jph, N.D. DES VICTOIRAS=Banque. ‖ BM†, NS†.
↖Pauquet, 8. | Ch. El., CHAILLOT= ch. de ronde. ‖ LL†.
†Pauvre-Diable, pas., 1. | Banque, Cl. St Honoré=Montesquieu.
†Pavée, 3. | M. de P., St ANTOINE= Fr.-BOURGEOIS. ‖ TR†, BM†, CC†, BI†, LV†.
↓Pavée, 7. | Ec. de Méd., AUGUSTINS, qu. = St ANDRÉ DES ARTS. | VS†, GR†, LV†.
†Pavillons, pas., 1. | Pal. R., Hoche =Nve PETITS CHAMPS. ‖ VIII†, JR†.
†Payenne, 2. | Marais, Fr. BOURGEOIS =Parc. ‖ BM†.
†Pecquay, pas., 2. | Mt de P., Blancs Manteaux=RAMBUTEAU. ‖ BM†.
→Pèlerins, 1. | St Sauv., Cl. St Jacq. =Mondétour.
→Pélican, 1. | Banque, Croix des Pts CHAMPS = GRENELLE. ‖ LG†, MM†, NS†, TP†.
←Pelleterie, 2. | Iles, CITÉ=BARILLE-RIE. ‖ BD†, JR†, LV†, DE†, VS†.
→PELLETIER, quai, 2. | St Méry. ‖ OmnTR et BL→, CnBD→, Par LV→. | VS†.
↗Penthièvre, 3. | Présid., Ville l'Evêque=F. St HONORÉ. ‖ MN†, FR†.
↗Pépinière, 3. | Roule, Présidt: ROCHER = F. St HONORÉ. ‖ MN†, FR†, BM†, LL†.
←Percée, 1. | Sorb., HARPE=Hautefeuille. ‖ DE†.
†Percée, 2. | Ars., Charlemagne= St ANTOINE. ‖ TR†, CC†, BI†, LV†.

→Perche, 2. | Arch., Vlle du Temple =Charlot.
↖Percier, av., 3. | Roule, Munich= Pépinière.
↗Percier, 4. | St Georges, FONTAINE =Blanche. ‖ OB†.
✓Pérignon, 8. | Inv., Saxe=Bellart.
↗Périgueux, 2. | Temple, BRETAGNE =St Louis. ‖ FR†.
→Perle, 2. | Marais, Thorigny=Vlle du Temple.
→Pernelle, 2. | Brg l'Ab., Nicolas-Flamel=Joaillerie.
↓Perpignan, 2. | Iles, Marmousets= Trois-Canettes.
→Perrée, 2. | Temple, Rotonde = Temple. ‖ BD†.
→Perrin-Gasselin, 1. | Halles, Lou-vre: St DENIS = Cheval. du Guet,, pl. ‖ DE†.
↖Petit-Banquier, 10. | St MI, Banquier=Hôpital
↖Petit-Carreau-Montorgueil, 1. | St Eustache, St Jph, St Sauv., Bne Nlle: St Sauveur=CLÉRY. ‖ MM†, BP†, TP†.
←Petit-Champ, 10. | St MI, Ch.-de-l'Alouette=Glacière.
†Petit-Crucifix, 2. | B. l'Ab., Vanne-rie=Rivoli.
↖Petit-Gentilly, 10. | St MI, MOUFFE-TARD=Gobelins, boul. ‖ FM†.
→Petit-Hurleur, 2. | B. l'Ab., Bourg l'Abbé=St DENIS. ‖ FR†, DE†.
→Petit-Lion, 1. | St Sauv., St DENIS =Mauconseil. ‖ FR†.
✓Petit-Moine, 10. | St MI, Scipion, pl. =Mouffetard.
↗Petit-Musc, 2. | Ars. CÉLESTINS=St ANTOINE. ‖ TR†, BL†, CC†, BI†, LV†.
↓Petite-Boucherie, pass., 9. | Mon., Abbaye=Ste Marguerite, pl.
†Petite-Chaise, pass., 2. | St Méry, St MARTIN=Vannerie. ‖ VS†.
→Petite-Friperie 1. | Halles, Poirée= Tonnellerie.
↗Petite-Truanderie 1. | St Sauveur, Mondétour=Grande-Truanderie.
→Petites-Écuries, pas. et cour, 4. | Haut., F. St DENIS=PTES ECU-RIES. ‖ DE†, MC†.
→PETITES-ÉCURIES, 4. | Haut., F. St DENIS = F. POISSONNIÈRE. ‖ Hir MC→. | LG Hauteville, DE†, NS†, PP†.
→Petits-Champs, 2. | Arch., Beau-bourg=St MARTIN. | VS†.
PETIT-PONT, pont, 2, 7. | Iles, pl. Maub. ‖ Par LV→. | FM†, GR†, JR†
PETIT-PONT, pl., 7. | Pl. Maub., Sorb.: St MICHEL, MONTEBELLO, Huchette, Bûcherie, PETIT-PONT. ‖ FavFM→, GazGR→, HirJR→, ParLV→.
↓PETIT-PONT, 7. | Pl. Maub., Sorb.: PETIT PONT, pl.=St JACQUES. ‖ Fav FM→, HirJR→. | GR†, LV†.
→Petits-Hôtels, 4 | Haut., St Quentin =LAFAYETTE, pl. ‖ NS†.
→Petits-Pères, pas., 1.—St Jph. PE-TITS-PÈRES = Banque. ‖ BM†, NS†, BP†
PETITS PÈRES, pl., 1. | St Jph, Mail, Petits-Pères, VIDE-GOUSSET, N.D. DES VICTOIRES. ‖ OmnBM†, ←Fav NS, CnBP→,
↗Petits-Pères, 1. | St Jph, NVE DES Pts CHAMPS=PETITS PÈRES. ‖ BM†, VII†, NS†, BP†, JR†.
→Pétrelle, 1. | Montm., F. POISSON-NIÈRE=ROCHECHOUART. ‖ JR†, PP†.

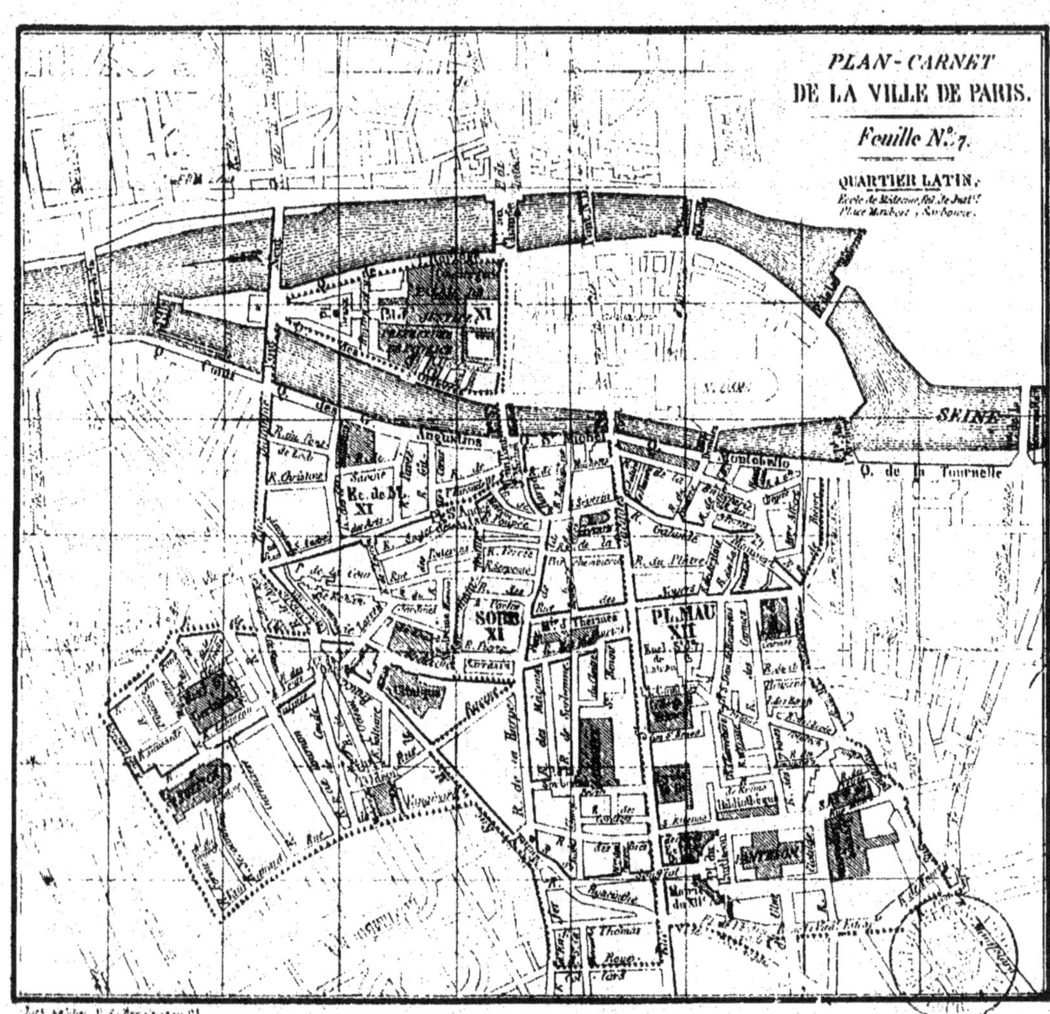

PLAN-CARNET
DE LA VILLE DE PARIS.
Feuille N.º 7.
QUARTIER LATIN.
Ecole de Médecine, Pal de Just.ce
Place Maubert, Sorbonne.
SEINE
Q. de la Tournelle
Ec. de M.
XI
SORB
XI
Pl. MAU
XII

PHÉLIPPEAUX, 2. | Arts, Temple: TEMPLE=VOLTA. || OmnFR→, RD‡.
Picpus, barr. et ch. de ronde, 6. | F. St Ant.
Picpus, 6. | F. St Ant., F. St ANTOINE=Picpus, barr. || TR‡.
Pierre-à-Poisson, 1. | Louvre, Saunerie-CHATELET. || DE‡.
Pierre-Assis, 10. | St Ml, Mouffetard=St Hippolyte.
Pierre-au-Lard, 2. | St Méry, Nve St Méry=Poirier.
Pierre-Lescot, 1. | Louvre, RIVOLI=St HONORÉ || FR‡, LN‡, CC‡, LG‡, MM‡, GR‡, JR‡.
Pierre-Levée, 5. | Théâtres, Trois Bornes=Fontaine-au-Roi.
Pierre-Lombard, 10. | St Ml, Collégiale, pl.=Mouffetard.
Pierre-Sarrazin, 7. | Sorb., HARPE=Hautefeuille. || DE‡.
Pigale, 1. | St Gges, Blanche=Montmartre, boul. || OB N. D de Lorette, BE‡.
Pinel, 10. | St Ml, Ivry, barr. = Hôpital.
Pirouette, 1. | St Sauv., RAMBUTEAU=Mondétour. || BM‡.
PITIÉ, carr., 10. | J. des Pl., St VICTOR, Copeau, GEOFFROY St HIL., Cuvier. || FavFM‡, HirMC‡.
Plaisance, av., 3. | Roule, Messine=Munich.
Planchette, 6. | Qze Vgts, Terres Fortes=CHARENTON. || CC‡, LVLyon.
Plat-d'Étain, 1. | Halles, Lavandières=Déchargeurs.
Plâtre, pas., 7. | Pl. Maub., GALANDE=Plâtre. | FM‡.
Plâtre, 2. | Mt de P., Homme Armé=TEMPLE. || BD‡, MC‡.
Plâtre, 7. | Pl Maub., Anglais=St JACQUES. || JR‡.
Poirées, 7. | Sorb., Collège Louis le Grand, pl.=SORBONNE. || JR‡.
Poirier, 2. | St Méry, Nve St Méry=Maubuée.
POISSONNIÈRE, boul., 1. | St Jph, Op.: BONNE NOUVELLE, boul.=MONTMARTRE, boul. || OmnB→, Dam LG→. | MM‡, PM‡, JR‡.
POISSONNIÈRE, barr. et ch. de ronde, 4. | Haut. ParPP‡, ExcBE‡.
POISSONNIÈRE, 1. | St Jph, Rue Nlle, CLÉRY, POISSONNIÈRE, boul. || Tric MM→. | BI‡, LG‡, BP‡, TP‡.
Poissy, 10. | J. des Pl., TOURNELLES, qu.=St VICTOR. | FM‡, BI‡, GR‡.
Poitevins, 7. | Ec. de M., Hautefeuille=Serpente.
Poitiers, 9. | Min., Orsay, qu.=Université.
Poitiers, pas, 1. | Pal. R., Masséna=RICHELIEU. || OB‡.
Poitou, 2 | Arch., Vile du Temple=Charlot.
Pélican, 10. | St Ml, Hôpital=GEOFFROY St HIL. || FM‡, MC‡.
Pompe-à-Feu, pas., 8. | Ch. El., BILLY, qu.=CHAILLOT. || CP‡, LL‡.
Ponceau, pas., 2. | Arts, Ponceau=St Denis. || DE‡.
Ponceau, 2. | Arts, St MARTIN=St DENIS. || DE‡, VS‡, BP‡, MC‡.
Pont-aux-Biches, 10. | St Ml, Censier, FER A MOULIN. || MC‡.
Pont-aux-Choux, 2. | Marais, BEAUMARCHAIS, boul.=St Louis. || BI‡.
Pont-de-Lodi, 7. | Ec. de Méd., Gds Augustins=DAUPHINE. || VIII‡, NS‡.

PONT-DE-LA-REFORME, 2. | H. de V., GREVE=St ANTOINE. || OmnTR←, HirMC→, ParLV←. | BL‡, CC‡.
Pont-Neuf, pas., 9. | Mon., Mazarine=SEINE. || LV‡.
PONT-St-MICHEL, pl., 7. | Ec. de Méd. Sorb.: Qu. St MICHEL et AUGUSTINS, Huchette, HARPE, St ANDRÉ DES ARTS Hirondelle || DamVS‡, FavDE‡, FarFM‡, GazOR→, Hir JR→, ParLV→.
Ponthieu, Ch. El., MATIGNON=Nve de Berry. || LL‡.
PONTOISE, 10. | J. des Pl., TOURNELLE = St VICTOR. || BéarnBI→. | FM‡, GR‡.
Popincourt, pas., 6 | Pop., Popincourt=Nve Popincourt.
Popincourt, 6. | Pop., ROQUETTE=Ménilmontant. || LB‡.
Portefoin, 2. | Arch., Molay=TEMPLE. || BD‡.
PORT-MAHON, 1. | Ital., NVE St AUGUSTIN=LOUIS LE GRAND. || Gaz RB→. | BM‡, CC‡.
Port-Royal, 10. | Obs., St JACQUES=ENFER. | DE‡, JR‡.
Postes, 10. | Obs., Estrapade=Arbalète.
Pot-de-Fer, 10. | Obs., Mouffetard=Postes.
Poterie, 2. | St Méry, Rivoli=VERRERIE. | CC‡.
Poterie, 1. | Halles, Lingerie=Etienne.
Poules, 10. | Obs., Vlle Estrapade=Puits-qui-Parle.
Poulies, 1. | Louvre, LOUVRE, pl.=St HONORÉ. || FR‡, BL‡, CC‡, NS‡, GR‡, JR‡, TP‡.
Poutier, 2. | Iles, Béthune, qu.=Anjou, qu.
Pourée, 7. | Sorb., HARPE=Hautefeuille. | DE‡.
Pourtour, 2. | H. de V., F. Miron=BAUDOYER, pl. || CC‡, MC‡.
Prado, pas., 2 | Iles, BARILLERIE=Flore. || VS‡, DE‡, JR‡.
Prêcheurs, 1. | Halles, St Denis=Halles. || DE‡.
Prêtres, 1. | Louvre, MONNAIE=St G. l'Aux., pl. || VIII‡, FM‡, JR et TP‡. (Arbre Sec)
Prêtres, 7. | Sorb., Séverin=Parcheminerie.
Princesse, 7. | Ec. de Méd., Four=Guisarde.
PROVENCE, 1. | St Georges, Op.: F. MONTMARTRE=CH. D'ANTIN. || ParPP→. | OB, Lafitte CC‡, FM‡, RB‡, JR‡.
Puits, 2. | Mt de P., Ste CROIX=Bl. Manteaux. || MC‡.
Puits-l'Ermite, 10. | J. des Pl., Battoir=Gracieuse.
Puits-qui-Parle, 10. | Obs., Nve Ste Geneviève=Postes.
Puteaux, pas., 3. | Mad., Arcade=MADELEINE. || LL‡.
Pyramides, 1. | Tuil., RIVOLI, pl.=St HONORÉ. || FR‡, LM‡, CC‡, RB‡.
Quatre-Chemins, ruelle, 6. | F. St A. Reuilly=CHARENTON, barr. || CC‡.
Quatre-Fils, 2. | Arch., Vile du Temple=Chaume.
QUATRE-VENTS, 7. | Ec. de Méd., Carr. Odéon=Seine. || DamVS→, FavNS→, BéarnBI→, ParPP→. | LV‡.
Quincampoix, 2. | B. l'Ab., LOMBARDS=Ours. || BM, Rambuteau, CC‡.

→*Quinze-Vingts*, pas., 1. | Tuil., St HONORÉ=St Louis. ‖FR↓, CC↓, RB↓.
↖*Rabelais*. 3, 8. | Ch. El., Présid.: MATIGNON=*Montaigne*. ‖LL↓.
↗RACINE, 7. | Sorb., Ec. de M.: HARPE=ODÉON, pl. ‖ ParPP→ Monsieur le Prince—Odéon. | DE↓.
Radziwill, pas., 1 | Pal. R., NVE BONS ENFANTS=*Hoche*. ‖JR↓.
↗*Rambouillet*. 6. | Qze Vgts, BERCY=CHARENTON. ‖BB↓, CC↓.
→RAMBUTEAU, 1, 2. | Mt de P., St Méry, Brg l'Abbé, Halles, Archives, St Sauv.: *Chaume*=St EUSTACHE, pl. ‖OmnBM→, HirMC→ Temple—St Martin. | FR↓, VS St Martin, DE St Denis, BD Temple.
→*Rameau*, 1. | Ital., RICHELIEU=*Ste Anne*. ‖OB↓.
↗*Rampe*, av., 8. | Ch. El, barr. des Batailles.
Rampouneau, barr. et ch. de ronde, 5. | Théâtres.
RAPÉE, quai, barr. et ch. de ronde, 5. | Qze Vgts. ‖OmnHB→, OmnBL→.
Rats, barr. et ch. de ronde, 6. | Roq.
↗*Rats*, 6. | Roq., *Folie Regnault*=*Rats*, barr.
↖*Réale*, 1. | St Sauv., RAMBUTEAU=*Gde Truanderie*. ‖BM↓.
→RÉAUMUR, 2. | Arts, VOLTA=St MARTIN. ‖OmnFR→. | Vs↓, MC↓.
→*Récollets*, 5. | Douane, F. St M.: Grange aux Belles=F. St MARTIN ‖ LG↓, Vs↓, LL↓.
←*Reculettes*, ruelle, 10. | St M, *Petit Gentilly*=*Croulebarbe*.
Réformé, pont, 2. | H. de V., Iles, | TR↓, BL↓, MC↓, LV↓.
↖*Réformé*, 8. | Ch. El., *Union*=St Honoré. ‖MN↓, FR↓.
↖REGARD, 9. | Bab., Lux.: CHERCHE Midi=VAUGIRARD. ‖ ParTP→. | LV↓.
↗*Regnard*, 7. | Ec. de M., ODÉON, pl. =*Condé*. ‖PP↓.
↓*Regrattier*, 2. | Iles, *d'Orléans*, qu. =St Louis.
←*Reims*, 7. | Pl. Maub., Sept Voies=*Charretière*.
↗*Reine-Blanche*, 10. | St M, FOSSES St MARCEL=*Mouffetard*. ‖FM↓.
↗*Rempart*, 1. | Pal. R., St HONORÉ=RICHELIEU. ‖ FR↓, OB↓, CC↓, RB↓.
→*Renard*, pas., 1. | St Sauv., St DENIS=*Beaurepaire*. ‖FR↓, DE↓.
↑*Renard*, 2. | St Méry, VERRERIE=*Nve St Méry*. ‖CC↓.
Reuilly, barr. et ch. de ronde, 6. | F. St Ant.
↗*Reuilly*, pas., 6. | F. St Ant., *Reuilly*=F. St ANTOINE. ‖TR↓.
↖*Reuilly*, 6. | F. St Ant., F. St ANTOINE=*Reuilly*, barr. | TR↓.
↗*Reuilly*, p. r. et imp., 6. | F. St Ant., CHARENTON=*Reuilly*. ‖CC↓.
→*Réunion*, pass., 2. | Arch., Anglais, Imp.=St MARTIN. ‖VS↓, MC↓.
↗*Reynie*, 2. | Bg l'Ab., St MARTIN=St DENIS. | CC↓, VS↓, DE↓.
↑*Ribouté*, 4. | Month., BLEUE=MONTHOLON. ‖MC↓, LL↓.
↖*Richard-le-Noir*, 6. | Roq, *Charonne*=ROQUETTE. ‖LB↓.
↑RICHELIEU, r. et pl., 1, 4. | Pal. R., Op.: St HONORÉ=ITALIENS. ‖Omn OB→, HirJR Nve P's Champs—Bourse. |B↓, BM Nve St Augustin, LN↓, CC↓, VII Nve des Pts Champs, RB↓.

↑*Richepanse*, 1. | Tuil., St HONORÉ=DUPHOT. ‖FR↓, BM, PP↓.
↗*Richer*, galerie. 4. | Op., *Geoffroy Marie*=RICHER. ‖PP↓.
↗RICHER, 4. | Op., Month.: F. POISSONNIERE=F. MONTMARTRE. ‖ParPP←. | FM↓, NS↓, JR↓, MC↓.
↗*Richerand*, av., 5. | Douane, *Jemmapes*=*Bichat*.
→RIVOLI, r. et pl., 1. | Tuil., PALAIS ROYAL=CONCORDE, pl. ‖OmnTR←, OmnFR→ Palais Royal—St Nicaise, Omn OB→ Carrousel—Rohan, OmnCP, Omn LN→, OmnCC→ Palais Royal—Rohan. |PP↓.
→RIVOLI-PROLONGÉE, 1, 2. | M. de P., St Méry, Bg l'Ab., Halles, Louvre: M. St JEAN=PALAIS-ROYAL, pl. ‖GazGR→ Oratoire—Palais Royal. | FM et VII Monnaie, BD Temple, JR et TP Arbre—Sec, MC↓, DE St Denis, VS Saint Martin.
ROCHECHOUART, barr. et ch. de ronde, 4. | Haut. ‖HirJR, ExcBE.
↑ROCHECHOUART, 4. | Month., LAMARTINE=ROCHECHOUART, barr. ‖ Hir JR→. | MC↓ LL↓, BE↓.
↖ROCHER, 3. | Roule, St LAZARE=MONCEAUX, barr. ‖ OmnBM→. | LL↓, BE↓.
↑*Rocroi*, 4. | Haut. *Abbeville*=ch. de ronde.
←*Rohan*, cour et pas., 7. | Ec. de Méd., *Cour du Commerce*=*Eperon*.
↑*Rohan*, 1. | Tuil., RIVOLI=St HONORÉ. ‖FR↓, LN↓, CC↓, OB↓, RB↓.
→*Roi-de-Sicile*, 2. | Mt de P., St ANTOINE=*Ville du Temple*. ‖CC↓, BI↓ MC↓, LV↓.
↑*Rome*, pas., 2. | Arts, *Gravilliers*=*Marmite*.
↖*Rome*, 3. | Roule, Stockolm=Europe, pl.
↗*Roquepine*, 3. | Présid., Astorg=*Ville l'Evêque*.
↗ROQUETTE, r. et imp., 6. | Roq., Pop.: BASTILLE=AUNAY, barr. ‖OmnLH←. | BI↓, TR↓, CC↓, BII↓, LV↓, BM↓, BB↓.
→*Rosiers*, 2. | Mt de P., Juifs=*Ville du Temple*.
→*Rossini*, 4. | Op., *Grange Batelière*=LAFFITTE. ‖OB↓.
Rotonde-du-Temple, pl., 2. | Temple, Corderie, *Dupetit Thouars*, *Percée*, *Casarelli*, *Beaujolais*, *Forez*.
ROUBAIX, pl., 4. | Haut., *St Quentin*, *Dunkerque*, GARE DU NORD. ‖FavNS.
↖*Roubo*, 6. | F. St Ant., F. St ANTOINE=*Montreuil*. ‖TR↓.
↑*Rougemont*, 4. | Op., POISSONNIERE boul.=BERGERE. ‖BI↓, LG↓, NS↓.
ROULE, barr. et ch. de ronde, 3, 8. | Ch. El., Roule. ‖Omn MN et ExcBE FR.
↖*Rousselet*, 9. | Bab., Oudinot=SÈVRES. ‖MM↓, VII↓.
ROYAL, pont, 1, 9. | Tuil., Min. ‖Omn OB←, DamLG→, TricMM→. | UP↓.
↑ROYALE, 1, 3. | Tuil, Présid., Mad.: Concorde=Madeleine. ‖ OmnMN et FR← Madeleine—St Honoré, ParPP→ Concorde—St Honoré, LN↓.
←*Royer-Collard*, 7, 10. | Sorb., Obs.: St JACQUES=ENFER. ‖DE↓. JR↓.
↖*Rumfort*, 3. | Présid., *Lavoisier*=*Pépinière*.
↗st-Ambroise, imp. et pas., 6. | Pop., *Popincourt*=St Maur.

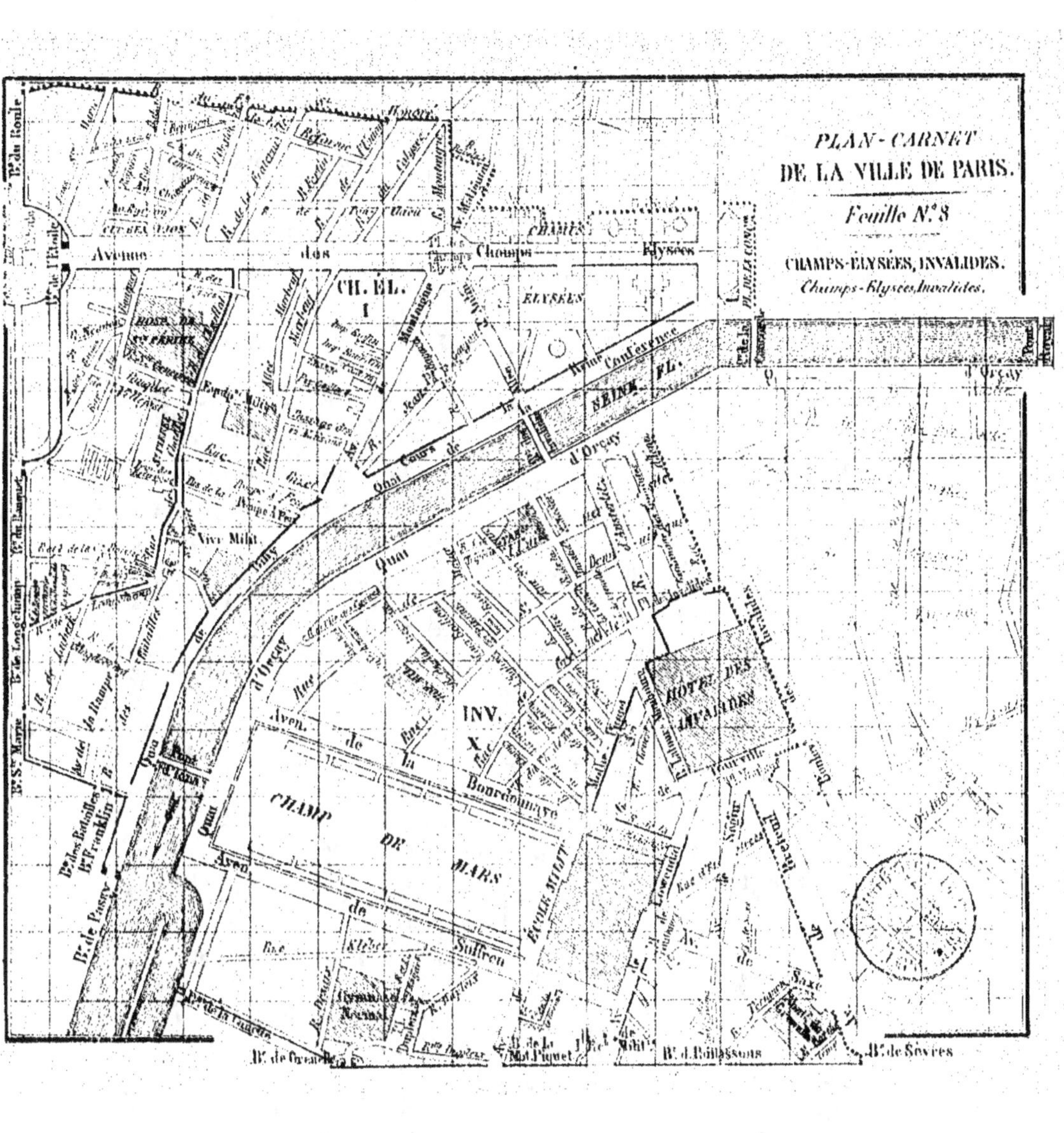

PLAN - CARNET
DE LA VILLE DE PARIS.
Feuille N.º 8
CHAMPS-ELYSÉES, INVALIDES.
Champs-Elysées, Invalides.
CHAMPS Elysées
CH. EL.
I
ELYSÉES
SEINE EL.
d'Orçay
INV.
X
CHAMP DE MARS
HOTEL DES INVALIDES
Bourdonnaye
ECOLE MILIT.
Suffren
Quai
Avenue des Champs Elysées

→st-Anastase, 2. | Marais, *St Louis*=St Gervais.

st-André, barr., 6. | Roq.

↗st-ANDRÉ-DES-ARTS, r. et pl., 7. | Sorb., Ec. de M., PONT St MI-CHEL, pl.=BUSSY, carr. || DamVS→, |DI, VII↓, FM↓, NS↑, GR↓, JR↓, LV↓.

↑*St Antoine*, pas., 2. | Mt de P., St ANTOINE=*Roi de Sicile.* || TR↓, CC↓, LV↓.

↑*St-Antoine*, pas., 6. | F. st Ant., CHARENTON=F. St ANTOINE. || TR↓, CC↓.

→st-ANTOINE, 2. | Mt de P., Marais, H. de V., Ars.; BAUDOYER, pl.=BAS-TILLE, pl. || OmnTR←—Bastille—Réforme, OmnCC←, BéarnBI←—Bastille—Fourcy, HirMC←—Réforme—Baudoyer, ParLV←—Bastille—Reforme | B↑, LB↓, BB↓.

↓st-BENOIT, carr. et pas., 9. | Mon., TARANNE, Egout, Ste MARGUERITE, St BENOIT. || FavVII←, ParTP→.

←st-*Benoit*, pas. 7. | Sorb., *Cl. St Be-noit*=SORBONNE. || JR↓.

↓st BENOIT, 9. | Mon., JACOB=TARANNE || ParTP→. | VII↓.

↖st-*Bernard*, r. et imp., 6. | Roq., F. St ANTOINE=*Charonne.* || TR↓.

←st BERNARD, quai, 10. | J. des Pl., || GazGR→, HirMC→ Fossés St Bernard—Tournelles. | BI↓.

↑st-*Bon*, 2. | St Méry, *Rivoli*=VER-RERIE. || CC↓.

←st-*Christophe*, 2. | Iles, Arcole=CITÉ. || LV↓.

↗st-*Claude*, r. et imp., 2. | Marais, BEAUMARCHAIS=st *Louis*. || BI↓.

↖st-*Claude*, 1. | B. Nlle, *ste Foy*=CLÉRY. || BP↓, TP↓.

↗st-DENIS, boul., 2, 5. | Arts, St Lt; St MARTIN, boul. = BONNE NOU-VELLE, boul. || OmnB→, TricM→, CitBP→, HirMC→, ParTP→. | VS↓, DE↓.

st-DENIS, barr. et ch. de ronde, 5. | St Lt, Haut || FavDE, ExcBE.

→st *Denis*, pas., 2. | B. l'Ab., GRÉNE-TAT=*Basfour*, pas. || FR↓, VS↓, MC↓.

↑st DENIS, 1, 2. | Halles, St-Sauv., B. Nlle, Brg l'Ab.; CHATELET=St DENIS. || OmnFR←—Grenetat—Maucon-Mauconseil—Grand seil, OmnCC→—Lombards—Ferronne-rie, FavDE←, CitBP et ParTP←—Porte St Denis—Bourbon Villeneuve. | B↓, TR↓, BL↓, BM Rambuteau, BD↓, MM↓, MC↓, JR↓.

↖st-*Denis*, 6. | F. st Ant., F. st AN-TOINE=Montreuil. | TR↓.

←st DOMINIQUE, 8, 9. | Min., Inv.; sts PÈRES=*Labourdonnaye* || DamLG→Bac—Bellechasse, BéarnBC→. | OB↓, MM Bac, PP Bourgogne.

st-EUSTACHE, pl. et pointe, 1. | Halles, st Sauv., st Eust.; RAMBUTEAU, MONTMARTRE, MONNAIE, *Etienne*. || OmnFR et BM→, →FavFM.

←st-Etienne-des-Grès, 7. | Pl. Maub., PANTHÉON=st JACQUES. | PP↓, JR↓

↑st-*Fiacre*, 1. | st Jh, *Jeûneurs*=POISSONNIÈRE, boul. || BI↓, LG↓.

→st-*Florentin*, 1. | Tuil., RIVOLI=st HONORÉ. || LN↓, PP↓.

↖st-*Georges*, r. et pl., 4. | st Georges, PROVENCE = N. D. DE LORETTE. || OB↓, PP↓, LL st Lazare.

st-Germain-l'Auxerrois, pl., 1. | Louvre, Pl. du LOUVRE, *Chilpéric, Prêtres.* || BL↓, NS↓, UR↓.

st-Germain-des-Prés, pl., 9. | Mon., JACOB = Ste MARGUERITE. || TP↓, VII↓.

↗St Gervais, 2. | Marais, Thorigny=Nve St François.

→St Gervais, pas., 2. | H. de V., *Bar-res*=*J. Desbrosses.*

→*St Gilles*, 2. | Marais, BEAUMAR-CHAIS, boul.=*St Louis.* || B↓.

→*St-Guillaume*, pas., 1. | Pal. R., RI-CHELIEU=*Fontaine-Molière.* || OB↓

←↓*St-Guillaume*, 9. | Min., Sts PE-RE:=GRENELLE. || OB↓, BI st Domi-nique, PP↓.

↘St-Hilaire, 7. | Pl. Maub., Sept Voies=Charretière.

↙St Hippolyte, 10. | St Marcel, *Mouf-fetard*=Pascal.

St-Honoré, cloître et pas., 1. | Ban-que, St HONORÉ=BONS ENFANTS et CROIX DES PTS CHAMPS. || FR↓, CLN↓, CI, LG↓, MM↓, JR↓.

→St-HONORÉ, 1. | Halles, Louvre, Tul-leries, St Eust., Banque, Pal R. *Lingerie* = ROYALE. || OmnFR→Vieilles Etuves—Palais Royal, Nicaise—←Moineaux—Palais Royal, Duphot, →OmnLN Coq—St Nicaise, Omn CC→ Ferronnerie—Marché St Honoré, Dam LG→ Grenelle—Palais Royal, TricMM→ Croix des Petits Champs — Palais Royal, →FavFM Vieilles Etuves — Monnaie, Fav NS←— Croix des Petits Champs—Coq, Gaz RR→ Palais Royal — St Roch, HirJR→ Arbre Sec — Bons Enfants, ParTP←— Gre-nelle — Arbre Sec, ParPP←— Royale—Casti-glione, OmnOB→ Rohan—Richelieu | FM et VII Monnaie.

↓*St-Hugues*, 2. | Arts, Bailly=RÉAU-MUR. || FR↓.

↓*St-Hyacinthe*, pas., 7. | Sorb., *St Hyacinthe*=*St Thomas.*

↘St-HYACINTHE, 7. | Sorb., St JAC-QUES = St MICHEL, pl. || ParPP→Soufflot—St Michel, pl. || DE↓, JR↓.

→*St-Hyacinthe*, 1. | Pal. Roy., *Sour-dière*=MARCHÉ St HONORÉ. || CC↓.

St-JACQUES, barr., 10. | Obs. || Hir JR→.

←*St-Jacques*, boul., 10. | St MI, Obs.; Glacière=ENFER. || JR↓.

↓St JACQUES, 7, 10. | Sorb., pl. Maub., Obs. St Séverin=*Port Royal.* || BéarnBI→ Noyers—Mathurins, HirJR←, F. St Jacques—Grès, Mathurins—Petit Pont. | FM↓, PP Soufflot.

↖St-Jean-Baptiste, 3. | Roule, *Pépi-nière*=St Michel

↓*St-Jean-de-Beauvais*, 7. | Pl. Maub., NOYERS=St Hilaire. || BI↓.

↖*St-Jean*, 8. | Inv., d'Orsay, qu.=St DOMINIQUE. || BI↓.

↘St-Jean-de-Latran, 7. | Pl. Maub., Fromentel=Cambrai, pl.

St-Jean-de-Latran, enclos et pas., 7. | Pl. Cambrai=*St Jean de Beau-vais.*

↓*St-Jérôme*, 2. | St Méry, GÈVRES=Tannerie. || BL↓, TR↓, BD↓.

→*St-Joseph*, 1. | St Jh, *Sentier*=MONT-MARTRE. || LG↓, FM↓.

↙*St-Julien-le Pauvre*, 7. | Pl. Maub., *Bûcherie*=GALANDE. || FM↓, GR↓.

↙St-Landry, 2. | Iles, *Napoléon*, qu.=*Marmouzets.*

↗*St-Laurent*, 5. | St Lt, F. St MARTIN=F. St DENIS. || VS↓, DE↓.

↗St-LAZARE, 3, 4. | St Gges, Mad., Roule; BOURDALOUE=ARCADE || Omn BM→ Havre — Rocher, OmnOB←place N. D. de Lorette, FavVII→ Caumartin —

Havre, GazRB → Chaussée-d'Antin—Clichy Const.L →. | CC Chaussée-d'Antin. FM↓

—St-Louis, 2. | Iles, *Anjou*, qu. = Bourbon, qu. | Bl et MC Deux-Ponts

\St-Louis, 2. | Marais, ECHARPE = *Charlot*. | FR Bretagne, Filles-du-Calvaire, BM↓.

↗St-Louis, 1. | Tuil., *Echelle*=St HONORÉ. | RF↓, CC↓, RB↓.

†St-Louis, cour, 6. | Roq., Auvergnats, pas.=*Lappe*.

→St-Magloire, 2. | B. l'Ab., *Salle au Comte*=St DENIS. | DE↓.

↗St-Mandé, av., 6. | F. St Ant., *Picpus*=St Mandé.

\St-Mandé, barr. et ch. de ronde, 6. | F. St Antoine.

↗St-Marc, 1, ↓. | Ital., Op.: MONTMARTRE = *Favart*. | OB Richelieu, LG↓, FM↓, NS et JR Vivienne.

↙St-Marcel, 10. | St M↓, *Collégiale*=Mouffetard.

†St-Marcou, 2. | Arts, *Bailly*=Conté. | FR Réaumur.

↗St-MARTIN, boul. et porte, 2, 5. | Temple, Douane, F. St Mart.: TEMPLE, boul.= St DENIS, boul. | Omn B →, TricMM →, ParTP. | VS↓, BD↓, BP↓↓, MC↓

†St MARTIN, 2. | St Méry, B. l'Abbé, Arts, Temple : GÈVRES = St MARTIN, boul. | DamVS ←, CitBP →. !N. D. de Nazareth → boul. St-Denis. HirMC → Rambuteau — boul. St-Denis. | B↓, TR↓, FR Grenétat = BM Rambuteau. BI↓ CC Lombards, Verrerie. MM↓, BD↓ TP↓, LV↓.

\St-Maur, 5, 6. | Pop., Théât., Douane: ROQUETTE =Grange aux Belles | BD↓, BP↓.

\St-Maur, 9. | Bab., SÈVRES=Cherche Midi. | MM↓, VII↓.

↗St-Michel, 3. | Roule, *Astorg* = St Jean Baptiste.

St-MICHEL, pl., 7, 9. | Sorb., Lux.: HARPE, M. LE PRINCE, ENFER. | FavDE →, ParPP →.

St-MICHEL, pont, 7. | Pal. de J., Ec. de Méd. | DamVS →, FavDE → et FM →, HirJR ←. | GR↓, LV↓.

—St MICHEL, qu., 7. | Sorb., FavFM →, GazGR →, HirJR →, ParLV →. | VS↓, DE↓.

†St-NICAISE, 1. | Tuil., RIVOLI = St HONORÉ. | → OmnLN. | FR↓, CC↓, RB↓.

↗St-Nicolas, 3. | Mad., Ch. d'Antin = Arcade. | BM Mathurins, CC↓↓, VII Caumartin, RB↓, LL↓.

†St-Nicolas-du-Chardonnet, 10. | J. des Pl., St Victor = Traversine. | FM↓, BI↓.

\St-Nicolas, 6. | F. St-Ant., CHARENTON=F. St ANTOINE. | TR↓, CC↓.

→St-PAUL, qu., 2. | Ars. | OmnBL →. | MC↓, BI↓.

†St-Paul, 2. | Ars., St PAUL, q. = St ANTOINE. | TR↓, BL↓, CC↓, BI↓, LV↓.

†St-Paxent, 2. | Arts, *Bailly*=Conté. | FR Réaumur.

†St-Pétersbourg, 3. | Roule, *Europe* = CLICHY, barr. | RB↓, BE↓.

\St-Philippe, 1. | B. Nlle, BOURBON VILLENEUVE=*Cléry*. | BP↓, TP↓.

St-Pierre, pas., 2. | St Méry, *Tacherie*=St MARTIN. | VS↓.

†→St-Pierre, pas., 2. | Ars., *St Paul*=St ANTOINE. | TR↓, CC↓, BI↓, LV↓.

\St-Pierre, 6. | Pop., *St Sébastien* = Ménilmontant.

\St-Pierre, p. r., 6. | Pop., *Chemin Vert*=Amelot.

↗St-Pierre, 1. | St Jb, MONTMARTRE = N. D. DES VICTOIRES. | BM↓, LG↓, FM↓, NS↓.

†St-Quentin, 4. | Haut., *Chabrol* = Dunkerque.

†St-Roch, pas, 1. | Pal. R., St HONORÉ=*Argenteuil*. | FR↓, CC↓, RB↓.

†St-Roch, 1. | Pal. R., St HONORE = NEUVE DES CHAMPS. | GazRB →. | FR↓, CC↓, VH↓.

\St-Romain, 9. | Bab, SÈVRES=*Cherche Midi*. | MM↓, VII↓.

\St-Sabin, r. et ruelle, 6. | Pop., *Jemmapes*, qu.=ROQUETTE | LU↓.

→St-Sauveur, 1. | St Sauv., St DENIS=MONTMARTRE. | LG↓, DE↓, FM↓.

↗St-Sébastien, r. et imp., 6. | Pop., St Pierre=*Valmy*, qu. | BI↓.

\St Séverin, pas., 7. | Sorb., *Zacharie* = St Séverin.

←St-Séverin, 7. | Sorb., St JACQUES = HARPE. | DE↓, FM↓, JR↓.

↗St-Spire, 1. | B. Nlle, *Filles Dieu* = Ste Foy.

St-SULPICE, pl., 9. | Lux., VIEUX COLOMBIER, BONAPARTE, CANETTES, St SULPICE, *Férou*, POT DE FER. | OmnOB →, DamVS et FavNS ←, BéarnBl →, ParPP et LV →.

↗St-SULPICE, 7. | Ec. de Médecine, *Condé* = St SULPICE. | OmnOB ← Tournon — place St-Sulpice, DamVS →, FavNS →, BéarnBl →, ParLV et PP → Seine — St-Sulpice.

†St-Thomas-d'Aquin, r. et pl., 9. | Min., *Gribeauval*=St DOMINIQUE. | BI↓.

←St-Thomas-d'Enfer, 7. | Sorb., St Hyacinthe=ENFER. | DE↓.

\St-VICTOR, r. et pl., 10. | J. des Pl., Copeau=Bièvre. | FavFM →, Béarn Bl → Pontoise—Noyers, HirMC → Geoffroy St-Hilaire—Fossés St-Bernard.

†St-Vincent-de-Paule, 4. | Haut., Bel-zunce=Ambroise-Paré.

→Ste-Anne, pas., 1. | Ital., *Ste Anne*=Choiseul, pas.

†Ste-Anne, 1. | Pal. R., Ital.: *Anglade* = NVE St AUGUSTIN. | BM↓, VII Nve Petits Champs.

→Ste Apolline, 2. | Arts, St MARTIN=St DENIS. | VS↓, DE↓, BP↓↓, MC↓, TP↓.

\Ste-Avoie, pas., 2. | Arch., RAMBUTEAU=TEMPLE. | MB↓, BD↓.

\Ste-Barbe, 1. | B. Nlle, *Beauregard*=BONNE NOUVELLE, boul. | B↓, MM↓.

†Ste-Catherine, 7. | Sorb., *St Thomas*=Royer Collard.

←Ste-Chapelle, 7. | Pal. de J., BARILLERIE=ORFÈVRES. | VS↓, DE↓, JR↓.

†Ste-Croix, 2. | Iles, *Gervais Laurent*=Constantine.

→Ste-CROIX-DE-LA-BRETONNERIE, r. et pas., 2. | Mt de P., *Vlle du Temple*=TEMPLE. | HirMC → Bourtibourg—Temple. | BD↓.

†Ste-Elisabeth, 2. | Temple, *Fontaines*=Vertbois.

↗Ste-Foy, pas., 1. | B. Nlle, *Caire*, pas.=Ste Foy.

↗Ste-Foy, 1. | B. Nlle, *Filles Dieu* = St DENIS. | DE↓.

\Ste-Geneviève, 8. | Ch. El., CHAILLOT=*Banquet*. | LL↓.

\Ste-Marguerite, 6. | Roq., F. St ANTOINE=*Charonne*. | TR↓.

→st-Anastase, 2. | Marais, *St Louis* = St Gervais.

st-André, barr., 6. | Roq.

↗st-ANDRÉ-DES-ARTS, r. et pl., 7. | Sorb., Ec. de M. : PONT ST MICHEL, pl. = BUSSY, carr. ‖ DamVS→. | DE†, VII†, FM†, NS†, GR†, JR†. LV†.

† *St Antoine*, pas., 2. | Mt de P., St ANTOINE = *Roi de Sicile*. ‖ TR†, CC†, LV†.

† *St-Antoine*, pas., 6. | F. St Ant., CHARENTON = F. St ANTOINE. ‖ TR†, CC†.

→st-ANTOINE, 2. | Mt de P., Marais, H. de V., Ars. : BAUDOYER, pl. = BASTILLE, pl. ‖ OmnTR← Bastille — Réforme, OmnCC←, BéarnBI← Bastille — Foucy, HirMC← Réforme — Baudoyer, Par LV← Bastille — Réforme | B†, LR†, BB†.

† st-BENOIT, carr. et pas., 9. | Mon., TARANNE, Egout, Ste MARGUERITE, St BENOIT. ‖ FavVII←, ParTP→.

←st-Benoit, pas., 7. | Sorb., *Cl. St Benoit* = SORBONNE. ‖ JR†.

† st BENOIT, 9. | Mon., JACOB = TARANNE ‖ ParTP→. | VII†.

↘ *st-Bernard*, r. et imp., 6. | Roq., F. St ANTOINE = *Charonne*. ‖ TR†.

←st BERNARD, quai, 10. | J. des Pl., ‖ GazGR→, HirMC→ Fossés St Bernard — Tournelles. | B†.

† *st-Bon*, 2. | St Méry, *Rivoli* = VERRERIE. ‖ CC†.

←*st-Christophe*, 2. | Iles, Arcole = CITÉ, ‖ LV†.

↗*st-Claude*, r. et imp., 2. | Marais, BEAUMARCHAIS = *st Louis*. ‖ B†.

↖*st-Claude*, 1. | B. Nlle, *ste Foy* = CLÉRY. ‖ BP†, TP†.

↗st-DENIS, boul., 2, 5. | Arts, St Lt : St MARTIN, boul. = BONNE NOUVELLE, boul. ‖ OmnB→, TricM→, CitB→, HirMC→, ParTP→. | VS†, DE†.

st-DENIS, barr. et ch. de ronde, 5. | St Lt, Haut ‖ FavDE, ExcBE.

→st Denis, pas., 2. | B. l'Ab., GRÉNETAT = *Basfour*, pas. | FR†, VS†, MC†.

† st DENIS, 1, 2. | Halles, St-Sauv., B. Nlle, Brg l'Ab. : CHATELET = St DENIS. ‖ OmnFR← Grenetat — Mauconseil, Mauconseil — Grand Hurleur, OmnCC→ Lombards — Ferronnerie, FavDE←, CitBP et ParTP←. Porte St Denis — Bourbon Villeneuve. | B†, TR†, BL†, BM Rambuteau, BD†, MM†, MC†, JR†.

↖*st-Denis*, 6. | F. St Ant., F. St ANTOINE = Montreuil. | TR†.

←st DOMINIQUE, 8, 9. | Min., Inv. : sts PERES = *Labourdonnaye*. ‖ DamLG→ Bac — Bellechasse, BéarnBC→. | OB†, MM Bac, PP Bourgogne.

st-EUSTACHE, pl. et pointe, 1. | Halles, st Sauv., st Eust. : RAMBUTEAU, MONTMARTRE, MONNAIE, *Etienne*. ‖ OmnFR et BM←, →FavFM.

←*st-Etienne-des-Grès*, 7. | Pl. Maub., PANTHÉON = st JACQUES. ‖ PP†, JR†.

† *st-Fiacre*, 1. | st Jh, Jeûneurs = POISSONNIERE, boul. ‖ B†, LG†.

→*st-Florentin*, 1. | Tuil., Rivoli = st HONORÉ. ‖ LN†, PP†.

↖*st-Georges*, r. et pl., 4. | st Georges, PROVENCE = N. D. DE LORETTE. ‖ OB†, PP†, LL st Lazare.

st-Germain-l'Auxerrois, pl., 1. | Louvre, Pl. du LOUVRE, *Chilpéric*, *Prêtres*. ‖ BL†, NS†, GR†.

→*st-Germain-des-Prés*, pl., 9. | Mon., JACOB = Ste MARGUERITE. ‖ TP†, VII†.

↗St Gervais, 2. | Marais, *Thorigny* = Nve St François.

→St Gervais, pas., 2. | H. de V., *Barres* = *J. Desbrosses*.

→*St Gilles*, 2. | Marais, BEAUMARCHAIS, boul. = *St Louis*. ‖ B†.

→*St-Guillaume*, pas., 1. | Pal. R., RICHELIEU = *Fontaine-Molière*. ‖ OB†.

←† *St-Guillaume*, 9. | Min., Sts PERES = GRENELLE. ‖ OB†, BI st Dominique, PP†.

↘St-Hilaire, 7. | Pl. Maub., Sept Voies = Charretière.

↗St Hippolyte, 10. | St Marcel, *Mouffetard* = Pascal.

St-Honoré, cloître et pas., 1. | Banque, St HONORÉ = BONS ENFANTS et CROIX DES Pts CHAMPS. ‖ FR†, CLN†, C†, LG†, MM†, JR†.

→St-HONORÉ, 1. | Halles, Louvre, Tuileries, St Eust., Banque, Pal. R. *Lingerie* = ROYALE. ‖ OmnFR→ Vieilles Etuves — Palais Royal, ←Moineaux — Palais Royal, Nicaise — Duphot, →OmnLN Coq — St Nicaise, OmnCC→ Ferronnerie — Marché St Honoré, DamLG→ Grenelle — Palais Royal, TricMM→ Croix des Petits Champs — Palais Royal, ←FavFM Vieilles Etuves — Monnaie, FavNS← Croix des Petits Champs — Coq, GazRB→ Palais Royal — St Roch, HirJR→ Arbre Sec — Bons Enfants, ParTP← Grenelle — Arbre Sec, ParPP← Royale — Castiglione, OmnOB→ Rohan — Richelieu | FM et VII Monnaie.

† *St-Hugues*, 2. | Arts, Bailly = RÉAUMUR. ‖ FR†.

↓ *St-Hyacinthe*, pas., 7. | Sorb., *St Hyacinthe* = *St Thomas*.

↘St-HYACINTHE, 7. | Sorb., St JACQUES = St MICHEL, pl. ‖ ParPP→ Soufflot — St Michel, pl. ‖ DE†, JR†.

→*St-Hyacinthe*, 1. | Pal. Roy., *Sourdière* = MARCHÉ St HONORÉ. ‖ CC†.

St-JACQUES, barr., 10. | Obs. ‖ Hir JR→.

←*St-Jacques*, boul., 10. | St Ml, Obs. : Glacière = ENFER. ‖ JR†.

↓St-JACQUES, 7, 10. | Sorb., pl. Maub., Obs. *St Séverin* = *Port Royal*. ‖ BéarnBI→ Noyers — Mathurins, HirJR← F. St Jacques — Grès, Mathurins — Petit Pont. | FM†, PP Soufflot.

↖St-Jean-Baptiste, 3. | Roule, *Pépinière* = St Michel

↓*St-Jean-de-Beauvais*, 7. | Pl. Maub., NOYERS = St Hilaire. ‖ BI†.

↘*St-Jean*, 8. | Inv., d'Orsay, qu. = St DOMINIQUE. ‖ BI†.

↘St-Jean-de-Latran, 7. | Pl. Maub., Fromentel = Cambrai, pl.

St-Jean-de-Latran, enclos et pas., 7. | Pl. Cambrai = *St Jean de Beauvais*.

† *St-Jérôme*, 2. | St Méry, GÈVRES = Tannerie. ‖ BL†, TR†, BD†.

→*St-Joseph*, 1. | St Jh, *Sentier* = MONTMARTRE. ‖ LG†, FM†.

↗*St-Julien-le-Pauvre*, 7. | Pl. Maub., *Bûcherie* = GALANDE. ‖ FM†, GR†.

↗*St-Landry*, 2. | Iles, *Napoléon*, qu. = *Marmouzets*.

↗*St-Laurent*, 5. | St Lt, F. St MARTIN = F. St DENIS. ‖ VS†, DE†.

↗St-LAZARE, 3, 4. | St Gges, Mad., Roule; BOURDALOUE = ARCADE ‖ Omn BM→ Havre — Rocher, OmnOB← place N. D. de Lorette, FavVII→ Caumartin —

Havre, GazRB → Chaussée-d'Antin—Clichy. Constl.L→. | CC Chaussée-d'Antin, FM↓|
St-Louis, 2. | Iles, *Anjou*, qu. = Bourbon, qu. | BI et MC Deux-Ponts|
St-Louis, 2. | Marais, ECHARPE = *Charlot*. || FR Bretagne, Filles du Calvaire, BM↓.
St-Louis, 1. | Tuil., *Echelle*=St HONORÉ. || RF↓, CC↓, RB↓.
St-Louis, cour, 6. | Roq., Auvergnats, pas. = *Lappe*.
St-Magloire, 2. | B. l'Ab., *Salle au Comte*=St DENIS. || DE↓.
St-Mandé, av., 6. | F. St Ant., *Picpus*=St Mandé.
St-Mandé, barr. et ch. de ronde, 6. | F. St Antoine.
St-Marc, 1, 4 | Ital., Op.; MONTMARTRE = *Favart*. || OB Richelieu, LG↓, FM↓, NS et JR Vivienne.
St-Marcel, 10. | St M↓, *Collégiale*=Mouffetard.
St-Marcou, 2. | Arts, Bailly=Conté. || FR Réaumur.
St-MARTIN, boul. et porte, 2, 5. | Temple, Douane, F. St Mart.: TEMPLE, boul.= St DENIS, boul. || Omn B→, TricMM→, ParTP. | VS↓, BD↓, BP↓↓, MC↓.
St MARTIN, 2. | St Véry, B. l'Abbé, Arts, Temple; GEVRES = St MARTIN, boul. || DamVS←, CitBP→.
: N. D. de Nazareth — boul. St-Denis; HirMC→ Rambuteau—boul. St-Denis. | B↓, TR↓, FR Grenelat Réaumur, BM Rambuteau, BI↓, CC Lombards, Verreri-, MM↓, BD↓, TP↓, LV↓.
St-Maur, 5, 6. | Pop., Théât., Douane; ROQUETTE=Orange aux Belles || BD↓, BP↓.
St-Maur, 9 | Bab., SÈVRES=Cherche Midi. || MM↓, VII↓.
St-Michel, 3. | Roule, Astorg = St Jean Baptiste.
St-MICHEL, pl., 7, 9 | Sorb., Lux.; HARPE, M. LE PRINCE, ENFER. || FavDE→, ParPP←.
St-MICHEL, pont, 7. | Pal. de J., Ec. de Méd. || DamVS→, FavDE→ et FM←, HirJR←. | GR↓, LV↓.
St MICHEL, qu. 7. | Sorb., FavFM→, GazGR←, HirJR→, ParLV→. | VS↓, DE↓.
St-NICAISE, 1. | Tuil., Rivoli = St HONORÉ. || →OmnLN. | FR↓, CC↓, RB↓.
St-Nicolas, 3. | Mad., Ch. d'Antin=Arcade. || BM Mathurins Havre, CC↓, VII Caumartin, RB↓, LL↓.
St-Nicolas-du-Chardonnet, 10. | J. des Pl., St VICTOR = Traversine. || FM↓, BI↓.
St-Nicolas, 6. | F. St-Ant., CHARENTON=F. St ANTOINE. || TR↓, CC↓.
St-PAUL, qu., 2. | Ars. || OmnBL→. | MC↓, BI↓.
St-Paul, 2. | Ars., St PAUL, q. = St ANTOINE. || TR↓, BI↓, CC↓, BI↓, LV↓.
St-Paxent, 2. | Arts, Bailly=Conté. || FR Réaumur.
St-Pétersbourg, 3. | Roule, Europe = CLICHY, barr. || RB↓, BE↓.
St-Philippe, 1. | B. Nlle, BOURBON VILLENEUVE=Cléry. || BP↓, TP↓.
St-Pierre, pas. 2. | St Méry, Tâcherie=St MARTIN. || VS↓.
St-Pierre, pas. 2. | Ars., St Paul=St ANTOINE. || TR↓, CC↓, BI↓, LV↓.
St-Pierre, 6. | Pop., *St Sébastien* = Ménilmontant.

St-Pierre, p. r., 6. | Pop., *Chemin Vert*=Amelot.
St-Pierre, 1. | St Jh, MONTMARTRE = N. D. DES VICTOIRES. || BM↓, LG↓, FM↓, NS↓.
St-Quentin, 4. | Haut., *Chabrol* = Dunkerque.
St-Roch, pas., 1. | Pal. R., St HONORÉ=Argenteuil. || FR↓, CC↓, RB↓.
St-Roch, 1. | Pal. R., St HONORÉ = NEUVE Pts CHAMPS. || GazRB→. | FR↓, CC↓, VII↓.
St-Romain, 9. | Bab., SÈVRES=Cherche Midi. || MM↓, VIII↓.
St-Sabin, r. et ruelle, 6. | Pop., Jemmapes, qu.= ROQUETTE || LB↓.
St-Sauveur, 1. | St sauv., St DENIS=MONTMARTRE. || LG↓, DE↓, FM↓.
St-Sébastien, r. et imp., 6. | Pop., St Pierre=*Valmy*, qu. || B↓.
St Séverin, pas., 7. | Sorb., *Zacharie*=St Séverin.
St-Séverin, 7. | Sorb., St JACQUES = HARPE. || DE↓, FM↓, JR↓.
St-Spire, 1. | B. Nlle, *Filles Dieu* = Ste Foy.
St-SULPICE, pl., 9. | Lux., VIEUX COLOMBIER, BONAPARTE, CANETTES, St SULPICE, *Férou*, POT DE FER. || OmnOB→, DamVS et FavNS←, BéarnBI→, ParPP et LV→.
St-SULPICE, 7. | Ec. de Médecine, Condé = St SULPICE. || OmnOB← Tournon — place St-Sulpice, DamVS→, FavNS→, BéarnBI→, ParLV et PP→ Seine — St-Sulpice.
St. Thomas-d'Aquin, r. et pl., 9 | Min., *Gribeauval*=St DOMINIQUE. || BI↓.
St-Thomas-d'Enfer, 7. | Sorb., *St Hyacinthe*=ENFER. || DE↓.
St-VICTOR, r. et pl., 10. | J. des Pl., Copeau=Bièvre. || FavFM→, Béarn BI→ Pontoise—Noyers, HirMC→ Geoffroy St-Hilaire—Fossés St-Bernard.
St-Vincent-de-Paule, 4. | Haut., Belzunce=Ambroise-Paré.
Ste-Anne, pas., 1. | Ital., *Ste Anne*=Choiseul, pas.
Ste-Anne, 1. | Pal. R., Ital.; Anglade = NVE St AUGUSTIN. || BM↓, VII Nve Petits Champs.
Ste Apolline, 2. | Arts, St MARTIN=St DENIS. || VS↓, DE↓, BP↓↓, MC↓, TP↓.
Ste-Avoie, pas., 2. | Arch., RAMBUTEAU=TEMPLE. || MB↓, BD↓.
Ste-Barbe, 1. | B. Nlle, *Beauregard*=BONNE NOUVELLE, boul. || B↓, MM↓.
Ste-Catherine, 7. | Sorb., *St Thomas*=Royer Collard.
Ste-Chapelle, 7. | Pal. de J., BARILLERIE=ORFÈVRES. || VS↓, DE↓, JR↓.
Ste-Croix, 2. | Iles, *Gervais Laurent*=Constantine.
Ste-CROIX-DE-LA-BRETONNERIE, r. et pas., 2. | Mt de P., *Vile du Temple*=TEMPLE. || HirMC→ Bourtibourg—Temple. | BD↓.
Ste-Elisabeth, 2. | Temple, *Fontaines*=Vertbois.
Ste-Foy, pas., 1. | B. Nlle, *Caire*, pas.=Ste Foy.
Ste-Foy, 1. | B. Nlle, *Filles Dieu*=St DENIS. || DE↓.
Ste-Geneviève, 8. | Ch. El., CHAILLOT=Banquet. || LL↓.
Ste-Marguerite, 6. | Roq., F. St ANTOINE=*Charonne*. || TR↓.

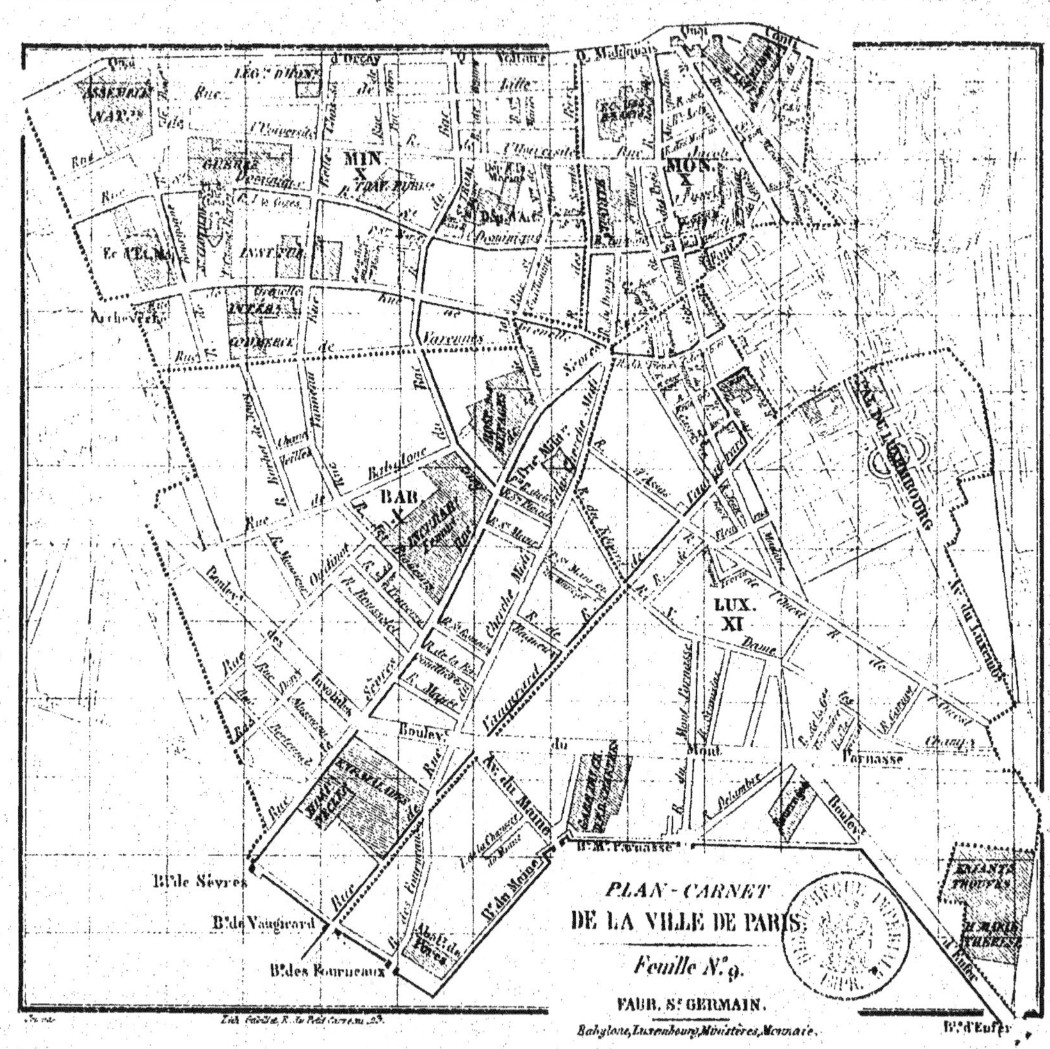

PLAN - CARNET
DE LA VILLE DE PARIS.
Feuille N.º 9.
FAUB. St GERMAIN.
Babylone, Luxembourg, Ministères, Monnaie.

→ste-MARGUERITE, r. et pl., 9. | Mon. Bussy=St BENOIT, carr. ‖ FavVII↔.

←ste-Marie, pas., 9. | Min., BAC=Visitation. ‖ MM↓.

†ste-Marie, 9. | Min., Lille=Verneuil.

↗ste-Marie, av. et pas., 8. | Ch. El., F. St HONORÉ=Ch. de ronde ‖MM↓, FR↓.

ste-Marie, barr. et ch. de ronde, 8. | Ch. El.

↖ste-Marie, 8. | Ch. El., Batailles=Lubeck.

↖ste-Marie, cour et pas., 6. | Roq., Thierri, pas.=Charonne.

‡ste-Marine, imp. et pas., 2. | Iles, Arcole=Cl. Notre Dame.

↘ste-Marthe, 9. | Mon., St Benoît, pas.=Childebert.

†ste-Opportune, r. et pl., 1. | Halles, Tabletterie=FERRONNERIE. ‖ CC↓.

↘ste-Placide, 9. | Bab., SEVRES=Cherche Midi. ‖ MM↓, VII↓.

‡SAINTS-PÈRES, 9. | Mon., Min.: Voltaire, qu. = Grenelle. ‖ OmnOB→ Taranne — Voltaire, BéarnBI ←- Grenelle— St Dominique. | PP↓.

↘Sabot, 9. | Mon., Taranne, pet. r.=FOUR. ‖ PP↓.

↗Saintonge, 2. | Temple, Perche=TEMPLE, boul. ‖ B↓, FR Bretagne.

†Salle-au-Comte, 2. | B. l'Ab., RAMBUTEAU=Ours. ‖ BM↓.

↑→Sandrié, pas. et imp., 3. | Madel., BASSE DU REMPART = Nve Mathurins ‖ B↓, BM↓.

Santé, barr. 10. | Obs.

↗Santé, 10. | Obs., St M↓: Ch. des Capucins=Santé, barr.

↖Sartine, 1. | Banque, VIARMES=COQUILLIÈRE. ‖ BM↓, VII↓.

↗Saucède, pas., 2. | B. l'Ab., Bourg l'Abbé=St DENIS. ‖ FR↓, DE↓.

↖Saunier, pas., 1. | Month., RICHER=BLEUE. ‖ MC↓, PP↓.

→Saumon, pas., 1. | St Eust., Montorgueil = MONTMARTRE. ‖ LG↓, FM↓.

†Saunerie, 1. | Livre, MÉGISSERIE, qu. = St Germain l'A. ‖ TR↓, BL↓, JR↓.

↗Saussaies, 3. | Présid., F. St HONORÉ= Ville l'Évêque. ‖ MN↓, FR↓, LL↓.

↗Savoie, 7. | Ec. de Médec., Pavée=Grands Augustins.

↘Saxe, av. et imp., 8, 9. | Inv., Bab., FONTENOY, pl.=SEVRES. ‖LG↓, VII↓

↗Schomberg, 2. | Arsen., MORLAND = Mornay. ‖ BL.

↘Scipion, r. et pl., 10. | St M↓, Francs Bourgeois=FER A MOULIN. ‖ MC↓.

↗Sedaine, 6. | Pop., St Sabin=Popincourt.

↗Ségur, av., 8. | Inv., Vauban, pl.=Saxe, av.

↘SEINE, 7, 9. | Mon., Ec. de Méd.: MALAQUAIS, qu.=St SULPICE. ‖ Dam VS-→, FavNS-→, BéarnBI→ et Par PP→ Quatre Vents—St Sulpice, ParLV→ Bussy — St Sulpice. | OB↓, VII‖ Ecole de Médecine.

†Sentier, 1. | St Jh., CLÉRY=POISSONNIÈRE. ‖ B↓, LG↓, MM↓.

←Serpente, 7. | Sorb., HARPE=Eperon ‖ DE↓.

†Sept-Voies, 7. | Pl. Maub., St Hilaire =PANTHÉON. ‖ PP↓.

↘Servandoni, 7. | Ec. de Méd., Palatine= Vaugirard.

SEVRES, barr. et ch. de ronde, 8, 9. | Inv., Bab. ‖ FavVII-→.

↘SEVRES, 9. | Bab., CROIX ROUGE=

SEVRES, barr. ‖ TrieVM > F.—Montparnasse, FavVII↔. | OB↓, B↓, TP↓. PP↓.

→Siffiet, pas., 4. | Month., Briare, pas. =Lre Coquenard.

→Simon-l.-Franc, 2. | St Méry, TEMPLE=Brisbourg. ‖ BD↓, MC↓.

→Singes, pas., 2. | Mt de P., Vile du Temple=Singes.

†Singes, 2. | Mont de P., Ste Croix =Blancs Manteaux. ‖ MC↓.

→Soly, 1. | St Eust., Jussienne=VX AUGUSTINS. ‖ LG↓.

‡SORBONNE, r. et pl., 7. | Sorb., MATHURINS=CLUNY. ‖ HrJR←. | B↓.

←SOUFFLOT, 7. | Pl. Maub., Sorb.; PANTHÉON = ENFER. ‖ ParPP-→ Panthéon —St Hyacinthe. | DE↓, JR St Jacques.

†Sourdière, 1. | Pal R., St HONORÉ= Corderie. ‖ FR↓, CC↓.

→Sourdière, pas., 1. | Pal. R., St Roch =Sourdière. ‖ GR↓.

†Sourdis, 2. | Arch., Charlot=Anjou.

‡Stanislas, 9. | Lux., N.D. des Champs ‖ Montparnasse, boul.:

↗Stockolm, 3. | Roule, Londres=ROCHER. ‖ BM↓.

†Strasbourg, 5. | St Lt, St DENIS, boul. = Chabrol. ‖ B↓, MM↓, BP↓, MC↓, TP↓.

‡Suffren, av., 8. | Inv., d'Orsay, qu. =LOWENDAL. ‖ LG↓.

↗Suger, 7. | Ec. de Méd., St ANDRÉ DES ARTS, pl.=Eperon. ‖ VS↓.

→Sully, 2. | Ars., Schomberg=CÉLESTINS, qu. ‖ BL.

→Suresne, 3. | Présid., MADELEINE= Saussaies. ‖ LL.

↗Tabletterie, 1. | Halles, St DENIS= St Opportune. ‖ DE↓.

†Tacherie, 2. | St Méry, Coutellerie=Rivoli.

†Taillepain, 2. | St Méry, Cl. St Méry ↔Brisemiche.

↖Taitbout, 4. | Op., ITALIENS=PROVENCE. ‖ B↓, PP↓.

→Tannerie, 2. | St Méry, HOTEL DE VILLE, pl.=St MARTIN. ‖ VS, BD.

←TARANNE, 9. | Mon., Sts Pères=St Ben. ↓. ‖ OmnOB←-, Dragon Sts Pères, FavVII← Dragon St Benoît, Par l P←-, St Benoît Dragon. ‖ B↓↓.

↗Taranne, p. r., 9 ‖ Mon. Egout=DRAGON. ‖ OB↓, VII↓, TP↓.

†Tenturiers, 2. | St Méry; Tannerie =Vannerie.

↖TEMPLE, boul., 2, 5. | Temple, Théâtre: FILLES DU CALVAIRE, boul.=St MARTIN, boul. ‖ OmnB-→, ParTP-→, Vendôme, pass.—F. St Martin, BD↓, BP↓.

†TEMPLE, 2. | St Méry, Mt de P., Arch., Arts, Temple: Rivoli = TEMPLE, boul. ‖ CitBD←-, CitBP←-, R. du Temple, — N. D. de Nazareth; Hir MC-→ Ste Croix—Rambuteau; | B↓, FR Bretagne, Phélipeaux, CC Verrerie, BM Rambuteau, TP↓.

↗Ternaux, 6. | Pop., Popincourt= Nve Popincourt.

→Terres-Fortes, 6. | Qze Vgts, CONTRESCARPE=Moreau. ‖BB↓. LV Lyon.

→Thérèse, 1. | Pal. Roy., Ste Anne= Ventadour.

→Thévenot, 1. | St Sauv., B. Nlle; St DENIS=Pt Carreau. ‖ DE↓.

↗Thierré, pas., 7. | Roq., ROQUETTE =Ste Marie, cour. ‖ LB↓.

→Thorigny, 2. | Marais, Parc=Coutures.

Tiquetonne, 1. | St Eust., Montorgueil=MONTMARTRE. ‖ FM†.

Tiron, 2. | Mt de P., St ANTOINE=Roi de Sicile. | TR†, CC†, LV†.

Tivoli, pas., 3. | Roule, St LAZARE=Londres. ‖ VH†, LL†.

Tivoli, 3. | Roule, CLICHY=Londres. ‖ RB†.

Tour, 5. | Théâtres, Fossés du Temple=Valmy, qu.

Tour-d'Auvergne, 4. | Month., ROCHECHOUART=MARTYRS. ‖ FM†, JR†.

Tour-des-Dames, 4. | St Georges, Larochefoucault=Blanche.

TOURNELLE, pont, 2 10. | Iles, J. des Pl. | Béarn Bf→, Hir MC←. | GR†.

TOURNELLE, quai, 10. | J. des Pl., Béarn Bf→, Tournelle—Pontoise; Gaz GR→. | MC†.

Tournelles, 2. | Marais, St ANTOINE=BEAUMARCHAIS. ‖ B†, TR†, BM†, CC†, BI†, LV†.

TOURNON, 7. | Ec. de Méd., St SULPICE=VAUGIRARD. ‖ OmnOB←, VS†, NS†, BI†, PP†, LV†.

Tourville, av., 8. | Inv., Invalides, boul.=LAMOTHE PIQUET. ‖ LG†.

Toustain, 7. | Ec. de Méd., SEINE=Félibien. ‖ LV†.

Tracy, 2. | Arts, Ponceau=St DENIS. ‖ DE†.

Traverse, 9. | Babylone, Oudinot=SEVRES. ‖ MM†, VH†.

Traversière, 6. | Q7e Vgts, F. St A. RAPEE=F. St ANTOINE. ‖ TR†, BB Bercy, BL†, CC Charenton, LV Lyon.

Traversine, 10. | J. des Pl., Arras=Montagne.

Treille, pas., 1. | Louvre, Chilpéric=Fossés St Germain.

Treille, pas., 7. | Ec. de Méd., Ec. DE MEDECINE=Clément. | VH†.

Trévise, cité et pas., 4. | Month., RICHER=BLEUE. | PP†, MC†.

Trévise, 4. | Op., Month.: BERGERE=BLEUE, | NS†, PP Richer, MC†.

Trinité, cour et pas., 2. | B. l'Ab., GRENETAT=St DENIS. | FR†, DE†.

Triomphes, av., 6. | F. St Antoine, TRONE. ‖ TR†.

Triperie, 8. | Inv., St Jean=Malar.

Triperet, 10 | J. des Pl., Clef=Gracieuse.

Trocadero, av., 8. | Ch. El., Rampe, av.=Ste Marie, barr.

Trois-Bornes, 5. | Théâtres, Folie-Méricourt=St Maur.

Trois-Canettes, 2. | Iles, St Christophe=Licorne.

Trois-Chandelles, 6. | F. St A., Montgallet=Quatre-Chemins.

Trois-Couronnes, 10. | St Marcel, Mouffetard=St Hippolyte.

Trois-Couronnes, 5. | Théâtres, St Maur=Trois-Couronnes.

Trois-Couronnes, barr. et ch. de ronde, 5. | Théâtres.

Trois-Frères, 4. | St Georges, Victoire=St LAZARE. ‖ LL†.

Trois-Maures, 2. | B. l'Ab., LOMBARDS=Reynie. ‖ CC†.

Trois-Pavillons, 2. | Marais, FR. BOURGEOIS=Thorigny, pl. ‖ DM†.

Trois-Portes, 7. | Pl. Maub., MAUBERT, pl.=Hôtel Colbert. ‖ MF†.

TRONCHET, 3 | Mad., MADELEINE=Nve MATHURINS. | OmnBM→.

TRONE, av., barr. et pl., 6. | F. St Antoine. | OmnTR→.

Trou-à-sable, 6. | F. St A, Quatre-Chemins=Ch. de ronde.

Trudaine, av., 4. | Month., ROCHECHOUARI=MARTYRS. ‖ FM†, JR†.

Trudon, 3. | Mad., Boudreau=Nve Mathurins.

TUILERIES, quai, 1. | Tuil. ‖ Omn TR→, quai du Louvre-Carrousel; Omn OB←, Pont Royal—Carrousel; OmnCP→, Carrousel)—Concorde; DamLG→ et Tric MM→; Carrousel—Pont Royal. | PP†.

Turgot, 4. | Month., ROCHECHOUART=Trudaine. | JR†.

Turin, 3. | Roule, Berlin=Hambourg.

Ulm, 7, 10. | Pl. Maub., Obs.: PANTHEON=Ursulines. ‖ PP†.

Union, 8. | Ch. El., CH. ELYSEES=F. St HONORE. ‖ MN†, FR†, LN†, LL†.

Université, 8, 9. | Min., Inv.: STS PERES=Labourdonnaye. ‖ OB†, LG et MN Bac, PP Bourgogne.

Ursulines, 10. | Obs., Ulm=St JACQUES. ‖ JR†.

Valadon, cité et pas., 8. | Inv., Grenelle=Ch. de Mars.

Val-de-Grâce, 10. | Obs., St JACQUES=Est, ‖ DE Enfer, JR†.

Valence, pas., 10. | St M†, Mouffetard=Pascal.

Valenciennes, r. et pl., 4. | Haut., St DENIS=LAFAYETTE. ‖ DE†, NS†

Val-Ste-Catherine, 2. | Marais, st ANTOINE=ECHARPE. ‖ TR†, BM†, CC†, BI†, LV†.

Valmy, qu., 5, 6. | Popinc., Théât., Douane. ‖ B†, TR†, BM†, CC†, RB†, LB†, BD et BP F. du Temple, LV†, BI†.

Valois, 1. | Tuil., RIVOLI=St HONORE. ‖ FR†, OB†, CC†, RB†.

Vanneau, 9. | Bab., Varennes=SEVRES. ‖ MM†, VH†.

Vannerie, 2. | St Méry, pl. HOTEL DE VILLE=St DENIS. ‖ VS†, DE†, BD†

Vannes, 1. | Banque, VIARMES=FOUR.

VARENNES, 1. | Banque, Deux Ecus=VIARMES, ‖←FavFM, →OmnFR.

Varennes, 9. | Min., Bab.: Chaise=Invalides. ‖ MM Bac.

Vauban, pl., 8. | Inv., Tourville, Ségur, Breteuil, Villars.

Vaucanson, 2. | Arts, Breteuil=Vertbois.

VAUGIRARD, barr. et ch. de ronde, 9. | Bab., Lux. ‖ ParLV.

VAUGIRARD, 7, 9. | Ec. de Méd., Lux., Bab., : M. LE PRINCE=VAUGIRARD, barr. ‖ OmnOB→ Molière—Tournon, ParLV→Madame—barr. Vaugirard, ←barr. Vaugirard—Bonaparte. | MM boul. Montparnasse, TP Regard, N. D. des Champs, PP†.

Vavin, 9. | Lux., Ouest=N. D. des Champs.

Vendôme, pas., 2. | Temple, Vendôme=TEMPLE, boul. ‖ B†.

VENDOME, pl., 1. | Tuil., Pal. Royal: PAIX, CASTIGLIONE, st HONORE, NVR Pts CHAMPS, NVR CAPUCINES. ‖ Par TP→.

Vendôme, 2. | Temple, Charlot=TEMPLE. ‖ BD†, BP†.

Venise, pas., 2. | B. l'Ab., Quincampoix=cour Batave.

Venise, 2. | St Méry, B. l'Ab.: Beaubourg=Quincampoix. ‖ VS st Martin.

Ventadour, r. et pl., 1. | P. R., Thérèse=NVR Pts CHAMPS. ‖ VH†.

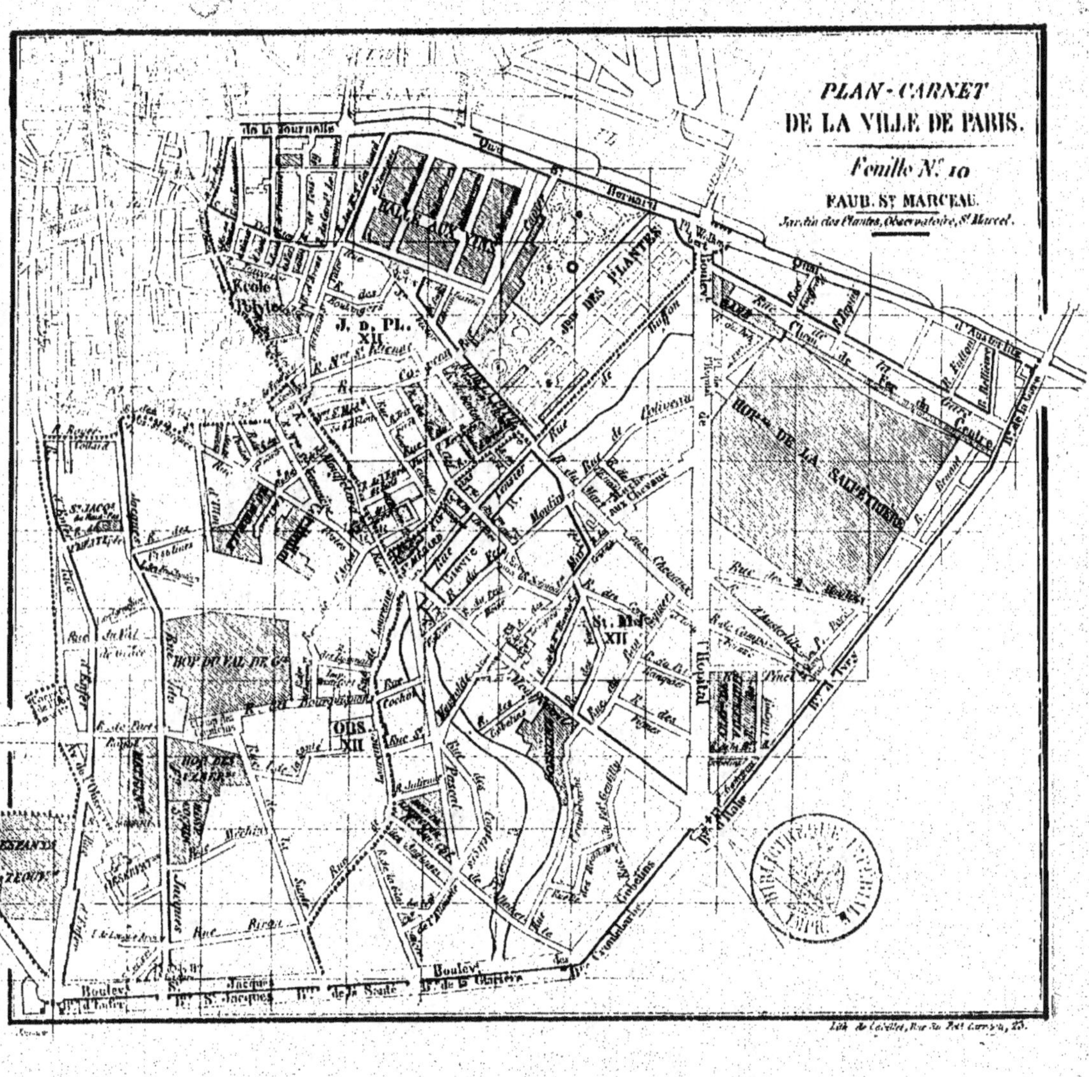

PLAN-CARNET
DE LA VILLE DE PARIS.
Feuille N.º 10
FAUB. ST MARCEAU.
Jardin des Plantes, Observatoire, St Marcel.
J. D. PL.
XII
JARDIN DES PLANTES
HOP.AL DE LA SALPÊTRIÈRE
ST M.
XII
OBS.
XII
HOP DU VAL DE G.
HOP DES ENFANS
Quai
Boulev.
Lith. de Cécillet, Rue du Petit Carreau, 23.

† *Verdeau*, pas., 1. | Op., *Grange Batelière* = F. MONTMARTRE. ‖ FM †, JR †.

† *Verderet*, 2. | St Sauv., *Gde Truanderie* = MAUCONSEIL. ‖ FR †.

Verneuil, 9. | Min., Sts PÈRES = Poitiers ‖ OB †, LG et MM Nac.

Véro-Dodat, pas., 1. | Banque, GRENELLE = *Bouloi*. ‖ LG †, MM †, VS †, TP †.

Verrerie, 2. | Mt de P., St Méry : *Bourtibourg* = St MARTIN. ‖ Omn CC →, | VS †, BD Temple, MC †.

Versailles, 10. | J. des Pl., St VICTOR = Traversine. ‖ FM †.

Vertbois, 2. | Temple, TEMPLE = st MARTIN. ‖ VS †, BD †, MC †.

Vert-Buisson, 8. | Inv., Ile des Cygnes = Université.

† *Verte*, p. r. | Présid., F. St HONORÉ = Penthièvre. ‖ MN †, FR †, LL †.

VERTUS, barr. et ch. de ronde, 5. | St Laurent. ‖ ExcBE.

Vertus, pas., 2 | Arts, *Vertus* = pas. de Rome.

† *Vertus*, 2. | Arts, *Gravilliers* = PHELIPEAUX. ‖ FR †.

Veselay, pas., 3. | Roule, *Hambourg* = Lisbonne.

VIARMES, 1. | Banque, *Varennes* = Oblin. ‖ ‹ FavFM, → OmnFR.

Victoire, 4. | St Gges, F. MONTMARTER = Joubert. ‖ OB Lamitte, CC et RB Chaussée d'Antin, FM †.

VICTOIRES, pl., 1. | Banque, St Jh, St Eust. : Cx Pts CHAMPS, *Pagevin*, FOSSÉS MONTMARTRE, VIDE GOUSSET, FEUILLADE et CATINAT. ‖ Omn BM →, TricMM →, FavVII →, Fav NS ←, CitBP →, | ParTP †.

VIDE-GOUSSET, 1. | St Eust., St Jph : VICTOIRES, pl. = PETITS PÈRES. ‖ OmnBM →, ‹ FavNS, CitBP →, | MM †, VII †, TP †.

Vieille-Estrapade, 7, 10. | Obs., pl. Maub. : Fourcy = Vieille Estrapade, pl.

Vieille-Harengerie, 1. | Halles, Chevalier du Guet = Ste Opportune, pl.

Vieille-Lanterne, 2. | St Méry, St MARTIN = CHATELET. ‖ VS †, DE †.

Vieille-Notre-Dame, 10. | St Ml, *Orléans* = Censier.

Vieille-Place-aux-Veaux, 2. | St Méry, CHATELET = ST MARTIN. ‖ VS †, DE †.

† *Vieille-Tannerie*, 2. | St Méry, *Ville Lanterne* = Ville Place aux Veaux.

Vieille-du-Temple, 2. | Mt de P., Arch., Temple, Marais : St ANTOINE = FILLES DU CALVAIRE. ‖ TR †, FR †, BM Paradis/Francs Bourgeois, CC †, YC †, LV †.

→ *Vieilles-Étuves*, 2. | St Méry, *Beaubourg* = St MARTIN. ‖ VS †.

↑ VIEILLES-ÉTUVES, 1. | Banque, St HONORÉ = *Deux-Écus*. ‖ ‹ FavFM, → OmnFR. | CC †, JR †, TP †.

† *Vienne*, 3. | Roule, ROCHER = pl. d'Europe. ‖ BM †.

Vieilles-Haudriettes, 2. | Arch., *Chaume* = TEMPLE. ‖ BD †.

† *Vierge*, 8. | Inv., d'Orsay, qu. = St DOMINIQUE. ‖ BI †.

VIEUX-AUGUSTINS, 1. | St Eust., COQUILLIÈRE = MONTMARTRE. ‖ → Dam LG. | BM †, VII †, FM †, TP †.

VIEUX-COLOMBIER, 9. | Lux., St Sul-

pice = CROIX-ROUGE. ‖ OmnOR →, Béarn[I →]. ‖ VII †, TP †, PP †, LV †, VS †, NS †.

† *Vieux-Marché-St-Martin*, 2. | Arts, Marché Neuf St Martin = RÉAUMUR. ‖ FR †.

Vigan, pas., 1. | St Eust., Vx AUGUSTINS = FOSSÉS MONTMARTRE. ‖ LG †, MM †, BP †.

Vignes, 8. | Ch. El., CHAILLOT = ch. de ronde. ‖ LN †, LL †.

Vignes, 10. | St Ml, *Banquier* = Hôpital.

Villars, av., 9. | Bab., *Vauban*, pl. = Invalides, boul.

Villedo, 1. | Pal. R., RICHELIEU = *Ste Anne*. ‖ OB †.

Villejuif, 10. | St Ml, Pinel = ch. de ronde.

→ *Ville-l'Évêque*, 3. | Présid., MADELEINE = *Pépinière*. ‖ LL †.

VILLETTE, barr. et ch. de ronde, 5. | F. St M., st Lt. ‖ DamVS, ExcBE.

Villiot, 6. | Qze Vgts, RAPÉE = BERCY. ‖ BB †, UL †.

Vinaigriers, 5. | Douane, F. St M. : *Valmy*. qu. = F. St MARTIN. ‖ VS †.

VINCENNES, barr. et ch. de ronde, 6. | F. St Ant.

† *Vingt-Neuf-Juillet*, 1. | Tuil., RIVOLI = St HONORÉ. ‖ FR †, LN †, CC †.

† *Vingt-Quatre-Février*, 1. | Pal. R., St HONORÉ = Roche. ‖ LN †, CC †, LG †, MM †.

Vintimille, r. et pl., 4. | St Georges, CLICHY = *Douai*. ‖ RB †.

Violet, pas., 4. | Haut., HAUTEVILLE = F. POISSONNIERE ‖ LG †, NS †, PP †.

† *Visitation-des-Dames-Ste-Marie*, 9. | Min., *Ste Marie*, pas. = GRENELLE. ‖ PP †.

† VIVIENNE, 1, 4. | St Jph, Ital., Op., Nve Pts CHAMPS = MONTMARTRE, b. ‖ FavNS → b. Montmartre-Nve Pts Champs, ← Bourse — boul. Montmartre, → Bourse-boul. Montmartre. HirJR ← b. Montmartre-Nve Pts Champs. | B †, BM Filles St Thomas, VII †.

† *Vivienne*, pas., 1. | St Jph, NVE PETITS CHAMPS = VIVIENNE. ‖ VII †, JR † †.

† VOLTA, 2. | Arts, *Aumaire* = N. D. DE NAZARETH. ‖ OmnFR ← Phélippeaux = Réaumur. | BP †.

VOLTAIRE, quai, 9. | Min. ‖ OmnO →, | LG †, MM †.

Voltaire, 7. | Ec. de M., MONSIEUR LE PRINCE = Odéon, pl. ‖ PP †.

VOSGES, pl. 2. | Marais, *Vosges*, PAS DE LA MULE, *Ch. des Minimes*, ECHARPE. ‖ OmnBM →.

† *Vosges*, 2. | Marais, St ANTOINE = VOSGES, pl. ‖ BM †, TR †, CC †, BI †, LV †.

VRILLIÈRE, 1. | Banque, CROIX DES PETITS CHAMPS = FEUILLADE. ‖ TricMM ← Catinat — Croix des Pts Champs. | BM †, VII †, NS †, JR †, TP †.

WALHUBERT, pl. 10. | St Ml. J. des Pl. : AUSTERLITZ, pont et quai, HOPITAL, boul., et St BERNARD, qu. ‖ GazGR →.

Watt, 10. | St Ml, AUSTERLITZ = GARE. ‖ GR †.

Wauxhall, cité, 5. | Douane, *Château d'Eau* = Marais.

Zacharie, 7. | Sorb., St MICHEL, qu. = *St Séverin*. ‖ FM †, GR †, JR †, LV †.

MOUVEMENT DES OMNIBUS A L'INTÉRIEUR DE PARIS.

I. Table des Routes.

Béarnaises, 1 ligne.

BéarnBI, Bastille—Invalides. *Vert.*

→ Bastille (*St Antoine*), 223, OmnCC et BB, *St Antoine* 112 (OmnCO et TR), Fourcy, Nonaindières, Pont Marie, Deux-Ponts, pont de la Tournelle, *Tournelles*, quai 16 (GazGB, HirMC), Pontoise, St Victor, pl. Maubert, Noyers, Mathurins, Harpe, École de Médecine, 9 (FavDE), Odéon, car. St Sulpice, *pl. St Sulpice* 10 (FavNS), Vieux Colombier, *Grenelle St G*, 4 (Croix Rouge, FavVII, OmnOB), Sts Pères, St Dominique, 43 (DamLG), Invalides, Gros Caillou.

Citadines, 2 lignes.

CitBD, Belleville—pl. Dauphine. *Orange.*

→ *Belleville*, Fg du Temple, Temple, Hôtel de Ville, quai Pelletier, *quai de Gèvres*, 4 (OmnBI, TR et FR) Châtelet, Pont-au-Change *qu. aux Fleurs*, 23 (FavDE), Horloge qu. Harlay, *pl. Dauphine*, 20 (FavFM et VII).

CitBP, Belleville—Petits-Pères. *Violet.*

→ *Belleville*, F. du Temple, Temple N. D. de Nazareth, St Martin, boul. St Denis, St Denis, Bourbon-Villeneuve, Neuve St Eustache, Fossés Montmartre, pl. des Victoires, Vide-Gousset, *Petits-Pères*, (pl. des Victoires, OmnBM, TricMM).

Constantines, 1 ligne.

ConstLL, St Laurent—Longchamps. *Vert-orange.*

→ F. St Martin, (St Laurent, DamVS), Fidélité, Paradis, Papillon, Montholon, *St Lazare*, 78 (GazRB), *St Lazare*, (pl. du Havre, OmnBM, FavVII), Arcade, Nve Mathurins Madeleine, F. St Honoré, Matignon, *Ch. Elysées* (OmnLN), Chaillot.

Dames réunies, 2 lignes.

DamLG, St Laurent—Grenelle. *Blanc.*

→ *Fidélité*, 2 (St Laurent, DamVS), Paradis Hauteville, Échiquier, F. Poissonnière, *Montmartre*, 162 (Vieux-Augustins, Coquillère), Grenelle S H, *St Honoré* 202 (Omn FR et CC, GazGR et RB), Palais-Royal, Carrousel, Pont-Royal, Bac, St Dominique, 43 (BéarnBI), Bellechasse, Grenelle S. G., Invalides, Lamothe Piquet, Labourdonnaye, Lowendal, barr. de l'École et *Grenelle*.

← [Jean Jacques Rousseau].

DamVS, Villette—St Sulpice. *Blanc-orange.*

→ *La Villette*, F. St Martin, Porte Saint Martin (OmnB), St Martin, *qu. de Gèvres*, 4, (OmnBL et TR), pont Notre-Dame, quai aux Fleurs, Barillerie, pont St Michel, *pl. du pont St Michel*, 5 (St Michel, GazGR HirJR), *ParLV*, St André des Arts, Ancienne-Comédie, Odéon, Carrousel, Quatre Vents, Seine, St-Sulpice, *pl. St Sulpice*, 8 (ParLV).

Excellentes, 1 ligne.

ExcBE, Belleville—Étoile (par les boulevarts extérieurs). *Blanc.*

→ *Belleville*, Chopinette, Combat, Boyauderie, Pantin, La Villette, Vertus, St Denis, Poissonnière, Rochechouart, Martyrs, Montmartre, Blanche, Clichy, Réforme, Monceaux, Courcelles, Roule, *Étoile.*

Favorites, 4 lignes.

FavDE, Chapelle St-Denis—Barrière d'Enfer. *Vert-rouge.*

→ *La Chapelle St Denis*, F. St Denis, *gare du Nord* (FavNS), r. St Denis, Châtelet, Pont-au-Change, Barillerie et *pl. du Palais-de-Justice*, 4 (FavVII, CitBD), pont St Michel, *pl. du pont St Michel*, 6 (St Michel, FavFM), Harpe, 70 (École de Médecine, BéarnBI), pl. St Michel, r. et barr. d'Enfer.

FavFM, barr. Fontainebleau—Barr. des Martyrs. *Vert-rouge.*

→ Barr. *Fontainebleau* (Gobelins), Mouffetard, Fossés St Marcel, Geoffroy St Hilaire, St Victor, pl. Maubert, Galande, Petit-Pont, qu. St Michel, pl. du Pont St Michel, 6, (St Michel, FavDE) pont St Michel, qu. des Orfèvres, Harlay, *pl. Dauphine*, 18 (FavVII, Cit BD), Pont-Neuf, [Monnaie, pointe St Eustache] Montmartre, F. Montmartre, Martyrs, *barr. des Martyrs.*

← [Qu. de l'École, Arbre Sec, Vieilles-Étuves, Varennes, Viarmes, Oblin, pl. Saint Eustache, Jour]

FavNS, Gare du Nord—St Sulpice. *Vert-rouge.*

→ Pl. Roubaix (*gare du Nord* FavDE), Denain, Lafayette, F. Poissonnière, Bergère, F. Montmartre, boul. Montmartre, Vivienne [Nve Petits Champs, Feuillade], *Croix des Petits Champs* (Pl. des Victoires, FavVII, OmnBM), St Honoré, Coq, Rivoli, pl. du Louvre, Pont Neuf et *pl. Dauphine*, 18 (FavFM et VII), r. Dauphine, Ancienne Comédie, Odéon, carr. Quatre Vents, Seine, St Sulpice, *pl. St Sulpice*, 10. (BéarnBI).

← [Pl. de la Bourse N D. des Victoires, pl des Petits Pères, Vide Gousset].

FavVII, Vaugirard—Pl. du Havre. *Vert-rouge.*

→ Grande rue de *Vaugirard* (mairie) r. du l'arc, r. de l'École, grande rue de Sèvres, barr. de Sèvres, r. de Sèvres, *Grenelle*, 4 (Croix-Rouge, BéarnBI), Dragon, Taranne, Ste Marguerite, Bussy, Dauphine. Pont-Neuf (*pl. Dauphine* 18, FavVII et DE, CitBD), Monnaie, Coquillère, *Croix des Petits Champs*, (Pl. des Victoires, FavNS) Feuillade, Nve des Petits Champs, Nve Capucines, Caumartin, St Lazare, Fs. du Havre (ConstLL).

Gazelles, 2 lignes.

GazBR, barr. de la Gare—Palais-Royal. *Rouge.*

→ Barr. de la *Gare*, qu. d'Austerlitz, r. Jouffroy, r. de la Gare (*Gare d'Orléans*), boul. de l'Hôpital, pl. Walhubert, qu. St Bernard, qu. des *Tournelles*, 19 (BéarnBI, HirMC), qu. Montebello, *qu. St Michel*, 19 (ParLV, HirJR), *pl. du Pont Saint Michel*, 5 (St Michel, DamVS), qu. des Grands Augustins, Pont Neuf, qu. de l'École, pl. du Louvre, rue de Rivoli, *Palais Royal* (Carrousel, GazRB, TricMM, DamLG, OmnFR, Hir JR).

GazRB (Batignolaise), Palais-Royal—Batignolles. *Rouge.*

→ *Palais-Royal* (Carrousel GazGR TricMM, DamLG, OmnFR, HirJR), St Honoré, St Roch, Gaillon, Port Mahon, Louis le Grand, *Chaussée d'Antin*, 7 (ParPP), Saint Lazare, 78 (ConstLL, OmnCC) r. et barr. de Clichy, gr. *r. des Batignolles*, 29.

Hirondelles, 2 lignes.

HirJR, barr. St Jacques—Barr. Rochechouart. *Orange.*

→ Barr. *St Jacques*, F. St Jacques, St Jacques, *Soufflot*, 14 (ParPP) Cluny, Sorbonne, Mathurins, St Jacques, Petit Pont, qu. St Michel, 19 (St Michel, ParLV, GazGR, DamVS), pont St Michel, Barillerie, qu. de la Mégisserie, *Bertin-Poirée*, 2 (OmnBS et TR), qu. de l'École, *Arbre Sec*, 84 (OmnCO et Fr, ParTP), *Saint Honoré*, 192 (TricMM, GazRB), Bons Enfants, Nve Petits Champs, (Richelieu, r. de la Bourse), Vivienne, boul. Montmartre, faub. Montmartre, *Richer*, 60 (ParPP), r. et *pl. Cadet* (HirMC), rue et barr. Rochechouart). *Château-Rouge.*

← [Vivienne]

HirMC, r. Mouffetard—Pl. Cadet.
Orange.

↑↓Mouffetard (r. Pascal, 4, Fer à Moulin,
Geoffroy St Hilaire, St Victor, Fossés St Ber-
nard, qu. St Bernard des Tournelles, 19
(BéarnBI), GazGR), pont de la Tournelle,
Deux Ponts, Pont Marie, quai des Ormes
(Réforme), (qu. de la Grève, 24, OmnBL et
TR, ParLV), r. du Pont de la Réforme, St
Antoine, pl. St Jean (OmnCC), Bourtibourg,
Ste Croix de la Bretonnerie, Temple, Ram-
buteau, 36 (OmnBM), St Martin, Porte St
Martin (ParTP, OmnB), boul. St Denis,
Faub St Denis, Petites Écuries, Faub Pois-
sonnière, 49, (ParPP), r. B'eue, place Cadet
(HirJR.)

Omnibus, 12 lignes.

OmnB, ligne des boulevards, Bastille—Madeleine. *Rose.*

↑↓BASTILLE (Beaumarchais, 10, OmnBB,
CC, LB, TR et BM) boul. Beaumarchais,
Filles du Calvaire (OmnFR), Temple (Par
TP), St Martin, PORTE ST MARTIN (HirMC,
DamVS), St Denis, Bonne Nouvelle, Pois-
sonnière, Montmartre, Italiens (OmnOB)
Capucines, MADELEINE (OmnBM et FR).

OmnBB, Bercy (Grande-Pinte)—Bas-tille. — *Rose.*

↑↓Bercy (Grande Pinte), (boul. de la Râpée,
barr. de la Râpée (Omn BL), qu. de la Râpée, pl. Mazas) boul. Contrescarpe, BAS-
TILLE (Beaumarchais 2, OmnB, CC, LB, TR
et BM).
←(Barr. et rue de Bercy.)

OmnBL, Bercy (Râpée)—Louvre. *Rose.*

↑↓Quai de Bercy, barr. de la Râpée, (Omn
BB), qu. de la Râpée, pl. Mazas, boul. Mor-
land, qu. des Célestins, St Paul, des Ormes,
18 de la Grève, 24 (Réforme, OmnTR, Hir
MC, ParLV) Pelletier, Gèvres, 4 (DamVS
CtBD) Mégisserie, Bertin Poirée (HirJR)
qu. de l'École, pl. du Louvre, Rivoli, Louvre (OmnLN, FR, CP et OB, TricMM).

OmnBM, Bastille—Monceaux. *Rose.*

Trajet principal, ↑↓ BASTILLE (Beaumar-
chais, 2, OmnB, BB, CC, LB et TR), boul.
Beaumarchais, Pas de la Mule, pl. des Vos-
ges, Nve Ste Catherine, Francs Bourgeois,
Paradis Rambuteau, 39 (HirMC), (St Eus-
tache), Coquillière, Croix des Pet. Champs,
Vrillière, Cat'naf, (Pl. des Victoires,
Banque, TrcNM, FavVS). Vide Gousset,
Petits Pères, N. D. des Victoires, Bourse,
Filles St Thomas, Neuve St Augustin, Anti-
tiqu., (OmnCC). boul. des Capucines, MADE-
LEINE (OmnB, FR et OB, ParPP), r. Trou-
chet, Ferme des Mathurins, r. et pl. du Ha-
vre, (ConstLL), St Lazare, Rocher, barr.
Monceaux, rue de Lévis, rue des Dames
(Monceaux, pl. de la Mairie)
Le matin jusqu'à 10 heures, ↑↓ (St Martin,
r. aux Ours, St Denis, Petit Lion, Tique-
tonne, J. J. Rousseau).

OmnCC, Barr. de Charenton—Chaus-sée d'Antin. *Vert-orange.*

↑↓Barr. de Charenton, BASTILLE (St An-
toine, 223, OmnB BB, BM, CC, LB et TR
BéarnBI), St Antoine, 119 (BéarnBI), pl
St Jean, 29 (HirMC) Verrerie, Lombards,
St Denis, Ferronnerie, St Honoré, 202 (Dam
LG), Palais Royal, Rivoli (CARROUSEL, Omn
OB), St Honoré (suite), Marché St Honoré,
Antin, 12 (OmnBM), Nve St Augustin,
Louis le Grand, Chaussée d'Antin, 81 (St
LAZARE, GazRB).

OmnCP, Carrousel—Passy. *Rose.*

↑↓Rivoli, 1 (CARROUSEL, OmnFR, OB, TR et
BL), quai des Tuileries, quai de la Conférence, ←(allée d'Antin. rue J. Goujon et
pl. François Ier), quai de Billy, Passy, barr.
Les Dimanches↑↓ ←(quai de la Conférence,
tout droit.)

OmnFR, Filles-du-Calvaire—Roule. *Rose.*

↑↓Boul. des Filles du Calvaire, (OmnB),
r. des Filles du Calvaire, Bretagne, Phéli-
peaux, Volta, Réaumur (Grenetat), St Denis,
Mauconseil, Montorgueil, Saint-Eustache
(Oblin, Viarmes, Vieilles Étuves), Arbre
Sec, 64 (OmnCC, HirJR, ParTP), St Ho-
noré, 202 (DamLG), Palais Royal, Rivoli, 1
(CARROUSEL, OmnCP, OB, TR et BL, TricMM,
CitBD, GazRB et RG), St Nicaise, St Ho-
noré, (Duphot, MADELEINE (OmnB et BM),
rue Royale) (Concorde, OmnMN, ParPP),
Faub St-Honoré, Roule.
←(St-Martin, Neuve Bourg l'Abbé, Petit
Hurleur), (Monnaie).
Les Dimanches↑↓ ←(St-Honoré, tout droit).

OmnLB, Père-Lachaise—Bastille. *Rose.*

↑↓Père Lachaise, rue de la Roquette, BAS-
TILLE (St Antoine, 223, OmnB, BB, BM, CC
et TR, BéarnBI).

OmnLN, Louvre—Neuilly. *Rose.*

↑↓Louvre (OmnBL), (Coq, St Honoré, St
Nicaise), Rivoli, 1 (CARROUSEL, OmnFR et
CC), Concorde, Champs Élysées, (ConstLL),
Étoile, route et avenue de Neuilly, pont de
Neuilly.
←(Rivoli, tout droit).

OmnMN, Madeleine—Neuilly. *Vert.*

↑↓MADELEINE (OmnB, OmnBM), rue Royale,
15 (Concorde, OmnFR, ParPP), Faub. St Honoré, Roule, vieille route de Neuilly, chemin
de la Révolte, avenue et pont de Neuilly.

OmnOB, Odéon—barr. Blanche. *Rose.*

↑↓Odéon, Vaugirard, Tournon, St Sulpice,
Vieux Colombier, Grenelle, 3 (Croix-Rouge,
BéarnBI), Dragon, Taranne, Sts Pères, quai
Voltaire, Pont Royal, Rivoli, 1 (CARROUSEL,
OmnCP, FR, TR, LN, BL, CC et BM,
TricMM), Palais Royal, St Honoré, Riche-
lieu, Italiens, 8 (OmnB), Laffitte, Bourda-
loue, N. D. de Lorette, Fontaine, barr.
Blanche.

OmnTR, Trône—Rivoli. *Rose.*

↑↓Trône, Faub St Antoine, BASTILLE
(Beaumarchais, 2, OmnB, BB, CC, LB et
BM), St Antoine, 112 (BéarnBI), r. du Pont
de la Réforme, quai Pelletier, quai de
Gèvres, 4 (DamVS, CtBD), quai de la Mé-
gisserie, Bertin Poirée, 2 (HirJR), quai de
l'École, quai du Louvre, Rivoli, 1 (CARROU-
SEL, OmnCP, FR et OB, TricMM).

Parisiennes, 3 lignes.

ParLV, Gare de Lyon—Vaugirard. *Orange-rouge.*

↑↓Gare de Lyon (boul. Mazas), rue de Lyon,
Bastille, St Antoine, r. Pont de la Réforme,
quai de Grève, 24 (Réforme, OmnBL et TR,
HirMC), quai Pelletier, pont Notre Dame,
Cité, Petit Pont, quai St Michel, 191 (St.
Michel, HirJR, GazGR, quai des Grands
Augustins, quai Conti, Guénégaud, Maza-
rine, Bussy, Seine, St Sulpice, pl. St Sul-
pice, 6 (ParPP, DamVS), Bonaparte (Ho-
noré Chevalier, Madame), Vaugirard, Gde
Rue de Vaugirard (église).
←(Bonaparte, tout droit).

ParPP, Panthéon—barr. Poissonnière. *Orange-rouge.*

↑↓Descartes, 19 (Panthéon), Clovis, Soufflot,
14 (HirJR), Monsieur le Prince, Racine,
Odéon, Quatre Vents, Seine, St Sulpice, pl.
St Sulpice, 6 (ParLV), Bonaparte, Four,
Grenelle, 6 (Croix-Rouge, ParTP), Bourgo-
gne, quai d'Orsay, pont et pl. de la Con-
corde, r. Royale, 15 (Concorde, OmnMN et
FR, OmnBM), St Honoré, Castiglione, pl.
Vendôme, Paix, boul. Capucines, Chaussée
d'Antin, 7 (GazRB), Provence, F. Mont-
martre, Richer, 60 (HirJR), Faub. et barr.
Poissonnière.

ParTP, Temple—Mont-Parnasse.
Orange-rouge.

Boul. du *Temple*, 49, (OmnB), boul St Martin, Porte St Martin (HirMC) boul. St-Denis. r. St Denis, Bourbon Villeneuve, Nve St Eustache, Fossés Montmartre, pl des Victoires, Croix des Petits Champs, Coquillière, Grenelle, St Honoré, *Arbre Sec*, 64 (OmnFR et CC, HirJR), quai de l'Ecole Pont - Neuf, quai Conti, Bonaparte, Jacob, St Benoit, Taranne, St Pères, *Grenelle*, 6 (Croix Rouge, ParPP), Cherche Midi, *Regard*, 4 (Vaugirard, 73, ParLV), N. D. des Champs, av. et barr. *Montparnasse*.

Tricycles, 1 ligne.

TricMM, Porte-St-Martin—barr. du Maine. *Vert.*

Porte St Martin, boul. St Denis, Bonne Nouvelle, r. Poissonnière, Cléry, Fossés Montmartre, Cadirat (pl. des Victoires, Banque OmnBM, CitBP), Vrillière, Croix des Petits Champs, St Honoré, *Palais Royal* (Carrousel, GazGR et RB; OmnOB, FR et TR; OmnBL) Pont Royal, lac, Sèvres, boul. Montparnasse, av et barr. du *Maine*.

II. Table des Correspondances.

Antin, 112. OmnBM (Bastille—Monceaux) et CC (Charenton—Chaussée d'Antin).

OmnBM :: OmnCC.

Arbre Sec, 64. OmnCC (Charenton—Chaussée d'Antin) et FR (Filles du Calvaire—Roule); HirJR (St Jacques - Rochechouart); ParTP (Temple—Mt Parnasse).

OmnCC :: OmnFR :: HirJR :: ParTP.

Banque. Voy. Pl. des Victoires.

Barr. Blanche. OmnOB (Odéon—barr. Blanche); station d'arrivée.

Bastille. Bureaux : Beaumarchais, 2 et 10, St Antoine, 223.

I. *Beaumarchais.* 2. OmnBB (Bercy—Bastille), station d'arrivée. BM (Bastille—Monceaux), station de départ, et TR (Trône—Rivoli).

OmnBB :: OmnBM :: OmnTR.

OmnBB, BM et TR : { OmnB, *Beaumarchais*, 10. / OmnCC et LB, *St Antoine*, 223.

II. *Beaumarchais.* 10. OmnB (Boulevards); station de départ.

OmnB : { OmnBB, BM et TR, *Beaumarchais*, 2 / OmnCC et LB, *St Antoine*, 223.

III. *St Antoine*, 223. OmnCC (Charenton—Chaussée-d'Antin) et LB (Père-Lachaise—Bastille); BéarnBI (Bastille — Invalides); station de départ

OmnCC :: OmnLB :: BéarnBI.

OmnCC et LB : { OmnB, *Beaumarchais*, 10. / OmnBB, BM et TR, *Beaumarchais*, 2.

Batignolles, Gde rue, 29. GazRB (Batignolaises : Palais-Royal — Batignolles); station d'arrivée.

Belleville, rue de Paris CitBD (Belleville—pl Dauphine) et BP (Belleville—Petits-Pères). ExcBE (Belleville—Etoile), par les boulevards extérieurs.

Bercy, Grande-Pinte. OmnBB (Bercy—Bastille); station de départ

Bercy, Râpée. OmnBL (Bercy — Louvre); station de départ.

Bertin-Poirée, 2. OmnBL (Bercy—Louvre) et TR (Trône—Rivoli); HirJR (St-Jacques—Rochechouart).

OmnBL et TR :: HirJR.

Boul. St-Denis. Voy Porte-St-Martin.

Carrousel. Bureaux : Rivoli, 1, et pl. du Palais-Royal.

I. *Rivoli.* 1. OmnCP (Carrousel—Passy), stat. de départ ; FR (Filles-du-Calvaire—Roule) OB (Odéon — barr. Blanche), TR (Trône—Rivoli, stat. d'arrivée; LN Louvre—Neuilly) et CC (Charenton — Chaussée-d'Antin.

OmnCP :: FR :: OB :: TR.

OmnLN : { OmnCP et OB. / OmnFR←. / OmnCC, *St Honoré*, 202.

OmnCC : OmnOB.

OmnCP, FR et OB : OmnBL, *Louvre.*

OmnFR, OB et TR : TricMM, *Palais-Royal.*

OmnFR : GazGR et RB, *Palais-Royal.*

OmnFR← : Omn TR← : CitBD←, *Gèvres.*

OmnOB : OmnCC→, *S-Honoré*, 202 : OmnBM, *Antin.*

II. *Palais-Royal*, angle de la rue de Rivoli prolongée). GazGR (Gare — Palais-Royal), stat. d'arrivée, et BR (Batignolaises : Palais-Royal—Batignolles), stat. de départ; TricMM (Pte-St-Martin—Maine).

GazGR :: GazRB :: TricMM.

GazGR et RB : DamLG *St-Honoré*, 202.

GazGR→ : OmnFR→ } *Rivoli*, 1.
GazRB← : OmnFR← }

GazRB et TricMM : HirJR, *St-Honoré*, 193.

TricMM : { OmnOB, FR et TR, *Rivoli*, 1. / OmnBL, *Louvre.*

Chaillot, Gde rue, ConstLL (Saint-Laurent—Longchamps), station d'arrivée.

Champs-Elysées, angle de la rue de Berry. OmnLN (Louvre—Neuilly); ConstLL (St-Laurent—Longchamps).

OmnLN :: ConstLL.

Chapelle-St-Denis. FavDE (St-Denis — Enfer), station de départ.

Charenton, barr. OmnCC (Diligentes : Charenton—Chaussée d'Antin). station de départ

Chaussée-d'Antin, 7. GazRB (Palais-Royal—Batignolles); ParPP (Panthéon—Poissonnière).

GazRB :: ParPP.

Chaussée-d'Antin, 61. Voy. St-Lazare.

Concorde, rue Royale,15. OmnMN (Madeleine—Neuilly) et FR (Filles du Calvaire—Roule); ParPP (Panthéon-Poissonnière).

OmnMN← : ParPP et OmnFR←.

OmnFR : ParPP→.

ParPP : { OmnNN→ et FR. / OmnBM, *Madeleine.*

Croix-des-Petits-Champs. Voy. Pl. des Victoires.

Croix-Rouge. Bureaux : Grenelle, 3, 4 et 6.

I. *Grenelle*, 3. OmnOB (Odéon—barrière Blanche).

OmnOB : BéarnBI→, *Grenelle*, 4.

École-de-Médecine. Bureaux ; *Ecole de Médecine*, 2, et *Harpe*, 70.

I. *Ecole-de-Médecine*, 2. BéarnBI (Bastille - Invalides).

BéarnBI : FavDE, *Harpe*, 70.

II. *Harpe*, 70. FavDE (St-Denis—Enfer).

FavDE : Béarn-BI, *Ec. de Médecine*, 2.

Enfer, barr. FavDE (St-Denis—Enfer), station d'arrivée.

Etoile, barr. OmnLN (Louvre—Neuilly). ExcBE (Belleville—Etoile).

Faub.-Poissonnière, 43. HirMC (Mouffetard—Cadet); ParPP (Panthéon—Poissonnière).

HirMC :: ParPP.

Faub-St-Martin Voy. St-Laurent.

Fidélité. Voy. St-Laurent

Filles-du-Calvaire, sur le boul., en face cette rue. OmnB (Boulevards) et FR (F.-du-Calvaire—Roule), st. de départ.

OmnB :: OmnFR.

Fontainebleau, barr FavFM (Fontainebleau—Martyrs), station de départ.

Gare, barr. GazGR (Gare—Palais-Royal).

Gèvres, 4. OmnBL (Bercy—Louvre et TR) (Trône—Rivoli); DamVS (Villette—St-Sulpice ; CitBD (Belleville—pl. Dauphine).

OmnBL et TR :: DamVS et CitBD.

CitBD→ : OmnTR→ : OmnFR→, *Rivoli*, 1.

Grenelle. Voy. Croix-Rouge,

Grenelle, barr de l'Ecole. DamLG (St-Laurent Grenelle); station d'arrivée.

Gros-Caillou (St-Dominique—Inv.); BéarnBI (Bastille—Invalides): station d'arrivée.

II. *Grenelle*, 4. FavVH (Vaugirard—pl. du Havre); BéarnBI (Bastille—Invalides).

FavVH : BéarnBI.

BéarnBI : { FavVH←, / OmnOB→, *Grenelle*, 3.

III. *Grenelle*, 6. ParPP (Panthéon—Poissonnière) et TP (Temple—Mont-Parnasse)
ParPP :: ParTP.

Harpe, 70. Voy. École-de Médecine.
Italiens, 8 OmnB (Boulevards) et OB (Odéon—barr. Blanche).
OmnB :: OmnOB.

Louvre, pl de l'Oratoire, OmnBL (Bercy—Louvre) et LN (Louvre—Neuilly); st. d'arrivée.
OmnBL :: OmnLN.
OmnBL : { OmnFR, CP et OB, *Rivoli*, / TricMM, *Palais-Royal*.

Lyon, ch. de fer, boul. Mazas. ParLV (Lyon—Vaugirard); st. de départ.
MADELEINE. Bureaux : *Madeleine*, 27, et en *face*.
I. *Madeleine*, 27. OmnMN (Madeleine—Neuilly), st. de départ; BM (Bastille-Monceaux) et FR (F. du Calvaire—Roule).
OmnMN← : { OmnBM. / OmnB, *Bureau en face*,
OmnBM :: OmnFR.
OmnBM et FR : OmnB, *Bureau en face*.
OmnBM : { ParPP, *Concorde*. / OmnFR← : OmnOB←, *Rivoli*.
II. *Bureau en face*. OmnB (Boulevards); st d'arrivée.
OmnB : OmnBM et FR, *Madeleine*, 27.
Maine, barr. TricMM (Porte-St-Martin—Maine), st. d'arrivée.
Martyrs, barr. FavFM (Fontainebleau—Martyrs); station d'arrivée.
Monceaux, pl. de la Mairie. OmnBM (Bastille-Monceaux); station d'arrivée.
Montmartre, 162. DamLG (St-Laurent—Grenelle); bureau d'attente.
Mont-Parnasse, barr. ParTP (Temple—Mont-Parnasse); station d'arrivée.
Mouffetard, Pascal, 4 HirMC (Mouffetard—Cadet), station d'arrivée.
Nord, ch de fer, pl. Roubaix. FavNS (Nord—St-Sulpice) et DE (St-Denis—Enfer).
FavNS :: FavDE.
FavDE→ : FavNS→ : FavVII←, *Croix des-Petits Champs*.
Neuilly, pont. OmnMN (Madeleine—Neuilly et LN (Louvre—Neuilly); station d'arrivée
Odéon, Vaugirard 22. OmnOB (Odéon—barr. Blanche); station de départ
Orléans, ch. de fer. rue de la Gare ConstGR (Gare—Palais-Royal) bureau d'attente.
Palais-de-Justice, 4. FavDE (St-Denis-Enfer).
FavDE { ← : FavVII←, *pl. Dauphine*. / ← : CitBD←, *quai aux Fleurs*.
Palais-Royal. Voy. CARROUSEL.
Panthéon, Descartes, 19 ParPP (Panthéon—Poissonnière); st. de départ.
Passy, barr. OmnLB (Carrousel—Passy); station d'arrivée.
Père-Lachaise, cimetière. OmnLB (Père-Lachaise—Bastille), station de départ.
Petits-Pères, place. Voy. PL. DES VICTOIRES.
Pascal Cadet. HirMC (Mouffetard—Cadet) et JR (St-Jacques—Rochechouart).
← HirMC :: HirJR.
PLACE DAUPHINE. Bureaux, 18 et 20, et arrêt sur le *Pont Neuf*.
I. *Place Dauphine*, 18 et 20. FavFM (Fontainebleau—Martyrs) et VII (Vaugirard—pl. du Havre); CitBD (Belleville—pl. Dauphine); st. d'arrivée.
FavFM et VII :: CitBD.
FavFM { → : FavVII→. / ← : FavVII←.
FavVII { → : FavFM→. / ← : FavFM←. / ← : FavDE, *Palais-de-Justice*.
II. *Pont-Neuf*. Temps d'arrêt de la FavNS (Nord—St-Sulpice).
FavNS { → : FavFM← et VII← / ← : FavFM← / ← : CitBD← } *pl. Dauphine*.
PLACE DES VICTOIRES. Bureaux : rue Catinat dit de la *Banque*; place des *Petits-Pères*, et *Croix-des-Petits-Champs*.

I. *Banque*, rue Catinat. OmnBM (Bastille—Monceaux); TricMM (Porte-St-Martin—Maine).
OmnBM :: TricMM.
OmnBM : FavNS, *Croix des-Petits-Champs*.
TricMM : CitBP, *Petits-Pères*.
II. *Petits-Pères*. OmnBM (Bastille—Monceaux); CitBP (Belleville—Petits-Pères); station d'arrivée.
OmnBM :: CitBP.
CitBP : TricMM, *Banque*.
III. *Croix des-Petits-Champs* FavNS (Nord—St-Sulpice) et VII (Vaugirard—place du Havre).
FavNS : { FavVII. / OmnBM, *Banque*.
FavVII { ← : FavNS←. / ← : FavNS←. / ← : FavNS← : FavDE←, *Nord*.
PLACE DU HAVRE. Bureaux : *place du Havre, St-Lazare et gare du Havre*.
I. *Pl. du Havre*. OmnBM (Bastille-Monceaux); bureau d'attente.
II. *Saint-Lazare*. OmnBM (Bastille—Monceaux); ConstLL (Saint-Laurent—Longchamps).
OmnBM :: ConstLL.
ConstLL : FavVII←, *gare du Havre*.
III. *Gare du Havre*. FavVII (Vaugirard—pl. du Havre); station d'arrivée.
FavVII→ : ConstLL, *St-Lazare*.
Pl. St-Sulpice. Voy. ST-SULPICE.
Poissonnière, barr. ParPP (Panthéon-Poissonnière); station d'arrivée.
Pont-Marie, quai des Ormes, 18 OmnBL (Bercy—Louvre); bureau d'attente.
Pont-Neuf. V. PL. DAUPHINE.
Pont St-Michel, place V. ST-MICHEL
PORTE-ST-MARTIN. Bureaux : *Pte-St-Martin et boul. St-Denis*, 1
I. *Pte-St-Martin*. TricMM (Pte-St-Martin—Maine); station de départ.
II. *Boul. St-Denis*, 1. OmnB (Boulevards); DamVS (Villette—Saint-Sulpice); HirMC (Mouffetard-Cadet); ParTP (Temple—Mt-Parnasse).
OmnB :: DamVS — HirMC :: ParTP.
— OmnB→ : HirMC→.
HirMC← : OmnB←.
Rapée, barr. OmnBL (Bercy—Louvre) et BB (Bercy—Bastille).
OmnBB→ :: OmnBL→.
Quai aux Fleurs, 28, CitBD (Belleville—place Dauphine).
CitBD→ : FavDE→, *Palais-de-Justice*, 4.
Quai de la Grève. Voy. *Réforme*.
Quai des Ormes. Voy. *Pont-Marie*.
Quai St-Michel. Voy. ST-MICHEL.
Rambuteau, 36. OmnBM (Bastille—Monceaux); HirMC (Mouffetard—Cadet).
OmnBM :: HirMC.
Réforme, quai de la Grève, 24. OmnBL (Bercy—Louvre) et TR (Trône—Rivoli); HirMC (Mouffetard—Cadet); ParLY (Lyon—Vaugirard).
OmnBL :: OmnTR :: HirMC :: ParLY.
Regard, Vaugirard, 73. ParLV (Lyon—Vaugirard) et TP (Temple—Mt-Parnasse).
ParTP :: ParLV.
Richer, 60. HirJR (Saint-Jacques—Rochechouart); ParPP (Panthéon—Poissonnière).
HirJR :: ParPP.
Roule, barr. OmnMN (Madeleine—Neuilly) et FR (F.-du-Calvaire—Roule); station d'arrivée de l'OmnFR
St-Antoine, 112 OmnCC (Charenton—Chaussée d'Antin) et TR (Trône—Rivoli); BéarnBI (Bastille—Invalides).
OmnTR et CC : BéarnBI→.
BéarnBI→ : OmnCC→ et TR.
St-Dominique-St-G., 43. BéarnBI (Bastille—Invalides); DamLG (St-Laurent—Grenelle).
DamLG :: BéarnBI.

St-Honoré. Bureaux, 192 et 203.
I. St-Honoré, 192. HirJR (St-Jacques—Rochechouart); TricMM (Pte-St-Martin—Maine).
HirJR :: TricMM.
TricMM et HirJR : GazRB, Palais-Royal.
II. St-Honoré, 203. DamLG (St-Laurent-Grenelle); OmnCC (Charenton—Chaussée-d'Antin) et FR (Filles-du-Calvaire—Roule).
DamLG { :: OmnFR et CC.
{ : GazGR et RB, Palais-Royal.
St-Jacques, barr. HirJR (St-Jacques-Rochechouart); station de départ.
St-Jean, pl., 29. OmnCC (Charenton—Chaussée-d'Antin); HirMC (Mouffetard—Cadet).
OmnCC :: HirMC.
St-Laurent. Bureaux: Faub.-St-Martin, et Fidélité, 2.
I. Faub.-St-Martin. ConstLL (St-Laurent—Longchamps); st. de départ; DamVS (Villette—St-Sulpice).
ConstLL :: DamVS.
II. Fidélité, 2. DamLG (St-Laurent—Grenelle); st. de départ, et VS (Villette—St-Sulpice).
DamLG :: DamVS.
St-Lazare. Bureaux: St-Lazare, 78, et Chaussée-d'Antin, 61.
I. St-Lazare, 78. GazRB (Palais-Royal—Batignolles); ConstLL (Saint-Laurent—Longchamps).
GazRB :: ConstLL.
II. Chaussée-d'Antin, 61. OmnCC (Charenton—Chaussée-d'Antin); st. d'arrivée; GazRB (Palais-Royal—Batignolles).
OmnCC ► :: GazRB ►.
St-Michel. Bureaux: pl. du Pont-St-Michel, 3 et 6, et quai St-Michel, 19.
I. Pont-St-Michel. Bureaux: pl., 3. DamVS (Villette—St-Sulpice); GazGR (Gare—Palais-Royal).
DamVS :: GazGR.

II. Pont-St-Michel, pl., 6. FavDE (St-Denis—Enfer) et FM (Fontainebleau—Martyrs).
FavDE :: FavFM.
III. Quai St-Michel, 19. ParLV (Lyon—Vaugirard (HirJR (St-Jacques—Rochechouart); GazGR (Gare-Palais-Royal)
ParLV :: HirJR :: GazGR.
HirJR : DamVS, Pont-St-Michel, 3.
St-Sulpice. Bureaux, 6, 8 et 10.
I. P. St-Sulpice, 6. ParLV (Lyon—Vaugirard) et PP (Panthéon-Poissonnière).
ParLV :: ParPP.
II. Pl. St-Sulpice, 8. DamVS (Villette—St-Sulpice); st. d'arrivée; ParLV (Lyon—Vaugirard).
DamVS ► :: ParLV ►.
III. Pl. St-Sulpice, 10. BéarnBI (Bastille—Invalides); FavNS (Nord—St-Sulpice); st. d'arrivée.
FavNS :: BéarnBI.
Soufflot, 14. HirJR (Saint-Jacques—Rochechouart); ParPP (Panthéon-Poissonnière).
HirJR :: ParPP.
Temple, boulevart. OmnB (Boulevarts); ParTP (Temple—Mont-Parnasse); st. de départ.
OmnB ► :: ParTP ►.
Tournelle, quai, 19. BéarnBI (Bastille—Invalides); GazGR (Gare—Palais-Royal); HirMC (Mouffetard—Cadet).
BéarnBI :: GazGR :: HirMC.
Trône, barr. OmnTR (Trône-Rivoli); station d'arrivée.
Vaugirard, église. ParLV (Lyon—Vaug'rard); station de départ.
Vaugirard, mairie. FavVH (Vaugirard—pl. du Havre).
Villette, pont de Flandres. DamVS (Villette—St-Sulpice); station de départ.

SERVICES DE LA BANLIEUE.

I. Voitures spéciales.

Batignolles; coin de la rue des Dames. — Clichy; St Ouen; St Denis, toutes les demi-heures.

Beaumarchais, boul., 10. — Vincennes; St Maur; Fontenay sous Bois; Nogent sur Marne; Joinville; St Mandé; Port de Creteil; Charenton; Gravelle; Alfort; Maisons; Colonier; Bonneuil; Boissy St Léger; Sucy; La Varenne: Corresp. avec les Omnibus. — Champigny, toutes les deux heures jusqu'à 10 h. du soir.

Belleville, rue de Paris, 25. — Romainville; Noisy le Sec; Rosny.

Bouloi, 19. — Auteuil, Boulogne et St Cloud. — Correspondance avec les Parisiennes.

Carré Saint Martin, 256. — Chantilly, 3 h. et demie du soir; Livry, 1 h., midi, 4 h. et 7 h.; Tremblay; Servan; Vilepaute; Meaux; 4 h. du soir.

Charenton, barr. — Charenton; St Maurice; Maison de santé; Gravelle; Ecole d'Alfort; Maisons; Creteil; Bonneuil; Sucy; Boissy St Léger; Corresp. avec les Omnibus — Noisy le Grand; Brie sur Marne; toutes les demi-heures.

Dauphine, pl., 5. — Choisy le Roi, 7 h. du matin, et ensuite d'heure en heure jusqu'à la nuit.

Dauphine, 30. — Châtillon; Fontenay aux Roses; 11 h. du matin, 4 et 8 h. du soir.

Fg. Saint Denis, pass. du Bois de Boulogne, 12 — St Denis, 7 h. du matin, ensuite de 20 en 20 minutes — Enghien; Montmorency; Gonesse; 8 h. du matin, ensuite de deux heures en deux heures.

Fbh. Saint Denis, 12. — Villiers le Bel; Sarcelles; Ecouen, 9 h., 11 h., 3 h. 6 h. — Montmorency; Groslay; Pierrefitte; 9 h., 11 h., 4 h., 6 h. — St Denis, toutes les demi heures.

Faub. Saint Denis, 51, et *Enghien*, 4. — Senlis; Luzarches; 3 h. — Compiègne; Noyon; Chauny; Lafère; 9 h. du soir.

Fontainebleau, barr. — Maison Blanche; Bicêtre; Corresp. avec les Favorites.

Grenelle Saint Honoré, 55. — Montrouge et Fontenay aux Roses, 9 h. et demie du matin, et de 15 en 15 minutes jusqu'à la nuit.

Marché Saint Jean, pl. — Brunoy.

Monceaux, pl. de la Mairie. — Asnières et Argenteuil. Corresp. avec les Omnibus

Monnaie (Prouvaires). — Ménilmontant.

Napoléon, quai, 26 — Bicêtre et Ivry, 9 h. du matin, et ensuite d'heure en heure jusqu'au soir.

Palais-Royal, pl. — Clichy la Garenne; Gare de St Ouen; St Denis; 8 h. du matin à 10 h. du soir. — Port à l'Anglais; Vitry; Rocy.

Plat d'Etain, Pte St Martin. — Creteil; Vincennes; St Maur; Nogent; Fontenay sous Bois; Boissy St Léger; Sucy; toutes les heures. — Chelles; Lagny; 7 h. du matin et 4 h. du soir. — Prés St Gervais, 9 h., 11 h., midi, 3 h. et 7 h — Livry; Montfermeil; 8 h. du matin et 4 h. du soir.

Rivoli, 4. — Sèvres; Neuilly; Courb-voie; Puteaux; Suresnes; 8 h. du matin, et de 15 en 15 minutes jusqu'à 10 h. du soir. — Passy, par la barr. de l'Etoile; id, par Chaillot.

Rivoli, Carrousel. — St Cloud; Auteuil; Boulogne; 9 h. du matin, et de 30 en 30 minutes jusqu'au soir.

Sainte Apolline, 32. — Ponthieu; Bondy; Chelles; Montfermeil; toutes les deux heures.

Saint Paul, hôtel St Paul. — Charonne et Montreuil.

Vaugirard, mairie. — Issy, Vanves. Corresp. avec les Favorites.

Vertbois. — St Denis; La Chapelle; Gonesse; toutes les deux heures.

Villette, pont de Flandres. — Le Bourget; Pantin; Prés St Gervais. Corresp. avec les Dames Réunies.

II. Chemins de Fer.

CORBEIL, gare, boul. de l'Hôpital. — Choisy; Villeneuve; Athis; Juvisy; Ris; Evry; Corbeil.

LYON, boul. Mazas. — Villeneuve St Georges; Montgeron; Brunoy; Combs la Ville; Lieussaint; Cesson; Melun; Fontainebleau. Omn spéciaux; Bouloy, 22; Messageries Nationales; Cour Batave; St Denis, 124; pl. St Sulpice.

NORD, pl. Roubaix. — St Denis; Enghien; Ermont-Franconville; Herblay; Pontoise. — Epinay; Pierrefitte; Sarcelles; Villiers le Bel; Ecouen; Gonesse; Garges; Arnouville.—Montmorency; Groslay par Deuil et Montmagny.—Margency; Audilly; Montignon; Eau Bonne; St Prix.—St Leu; Taverny.—Gisors et Chaumont; Marines et Chars; Magny par Puiseux.

Omn. spéciaux: Boul'd, 22; St Denis, 121; Cour Batave; Anc. Comédie, 15; hôtel Belfort; boul. des Italiens; hôtel de Bade, rue de Rivoli; hôtel Meurice; Barthe, Amelot, 11; St Honoré, hôtel de Lille et Albion; Messageries Nat., N. D. des Victoires; Bac, 121.

ORLEANS, boul. de l'Hôpital.—Choisy; Juvisy; Savigny; Epinay; St Michel; Bretigny; Marolles; Bouray; Lardy; Etrechy; Etampes.—Montlhéry; Marcoussis—Arpajon; Dourdan; St Chéron; Boissy.—Laferté A...; M...berbes—Auneau; Pithiviers.
Omn. spéciaux: Drouot, 4; J. J. Rousseau, 18; St Martin, 217.

RIVE DROITE, *Saint Germain*, pl. du Havre—Asnières; Argenteuil; Colombe; Nanterre; Rueil; Chatou; St Germain.

RIVE DROITE, *Versailles*, pl. du Havre,—Asnières; Courbevoie; Puteaux; Suresne; St Cloud; Sèvres (Ville d'Avray); Viroflay; Versailles.
Omn. spéciaux: pl. du Carrousel; boul. Bonne Nouvelle; pl. de la Bourse; Pointe St Eustache; quai de l'Ecole.

RIVE GAUCHE, *Chartres*, barr. du Maine — Bellevue; Versailles; St Cyr; Trappes; Laverrière; Loitoire; Rambouillet.—Neaubl. le Château; Houdan par La Queue; Gambes; Pontchartrain—Montfort Lamaury par Maurepas et Le Tremblay; Chevreuse; Dampierre.

RIVE GAUCHE, *Versailles*. — Clamart; Meudon; Bellevue; Sèvres; Chaville et Viroflay.
Omn. spéciaux: Carrousel; Rivoli; pl. de la Bourse, 12; Porte St Martin, 256; Cour Batave, rue St Denis; Hôtel de Ville, rue Lobau, 2; pl. du Palais de Justice, 1; pl. St Sulpice, 12.

SCEAUX, barr. d'Enfer.—Arcueil; Cachan; Bourg la Reine; Fontenay aux Roses; Sceaux—Antony; Longjumeau; Massy; Palaiseau; Orsay; Limours; St Arnault; Verrières; Châtenay.
Omn. spéciaux: rue du Boulol, 22, et pl. St Sulpice.

STRASBOURG, rue Chabrol.—Noisy le Sec; Villemomble; Gagny; Chelles; Lagny; Erby; Meaux.—Torcy; Montfermeil.—Aunet; Ferrières.—Crécy; Coulommiers—Villers Cotterets; Laferté Milon.
Omn. spéciaux: Carrousel; Rivoli; Porte St Martin, 256; Cour Batave; rue St Denis, 121; pl. St Sulpice.

BATEAUX A VAPEUR, Pont Royal, grand escalier.—St Cloud, 9 h., 11 h., 2 h., 4 h. et 6 h.

TARIF DES VOITURES DE PLACE ET DE REMISE,

DESIGNATION des VOITURES.	INTÉRIEUR DE PARIS.				EXTÉRIEUR DE PARIS, dans le ressort de la préfecture de police.	
	De 6 heures du matin à minuit.		De minuit à 6 h. du matin.		En dedans du mur d'enceinte, fortifications	En dehors du mur d'enceinte, fortifications
	La course.	L'heure.	La course.	L'heure.	L'heure.	L'heure.
Fiacres à 2 chevaux ord... et sup.	1 50	2 75	2 »	3 »	2 50	3 »
Coupés et pet.ts fiacres à 4 places, à 1 ou 2 chevaux	1 25	1 75	1 75	2 50	2 »	2 50
Cabriolets à 2 ou 4 roues	1 10	1 50	1 75	2 50	1 75	2 25

Dispositions communes aux diverses parties du présent tarif.

Tout cocher pris sur une station de voitures ou sur quelque autre point de la voie publique que ce soit, sera tenu de marcher à toute réquisition.

Lorsqu'un cocher est appelé à domicile, le prix de l'heure compte du moment où le cocher aura été pris, soit sur une station, soit ailleurs. Pour le temps qui excède l'heure, il est d'usage de compter par fraction de cinq minutes.

Tout cocher qui aura été appelé pour aller chercher quelqu'un à domicile, et qui sera renvoyé sans être employé, recevra, à titre d'indemnité de déplacement, le prix d'une demi-course, calculé d'après les prix établis dans l'intérieur de Paris.

Tout cocher qui, en se rendant à une station de voitures, ou lorsqu'il se trouvera hors de place, chargera, soit pour l'intérieur, soit pour l'extérieur de Paris, sera censé avoir été pris sur une station. Il ne pourra, dans aucun cas exiger un salaire plus élevé que celui qui est déterminé par le présent tarif.

Les cochers sont tenus de conduire à la course, et sans augmentation de prix, aux cimetières de l'Est, du Nord et du Sud; aux embarcadères de Sceaux et de Versailles (rive gauche); à l'Hippodrôme; à la station établie à Passy, rue Dessert, et sur toute la ligne des boulevarts intérieurs.

Outre les cabriolets de place on trouve dans tous les quartiers des *cabriolets de remise*, ainsi nommés parce qu'ils sont généralement remisés sous des portes cochères. Ces cabriolets sont mieux montés, sous tous les rapports, que ceux de place.

Leur prix est de:
La course. . 1 fr. 50 c. | L'heure. . . . 2 fr

POSTE AUX CHEVAUX,

RUE PIGALE, 2.

On obtient des chevaux sur la présentation d'un passeport non périmé. Le tarif est de 20 cent par cheval et par kilomètre; il est perçu en plus 15 cent par voyageur excédant le nombre de chevaux.

On délivre aussi des chevaux au prix de 2 fr par cheval et 3 fr par postillon pour conduire les voitures aux embarcadères des chemins de fer.

—◄●►—

CALENDRIER POUR L'ANNÉE 1852.

	JANVIER.	FÉVRIER.	MARS.	AVRIL.	MAI.	JUIN.	JUILLET.	AOÛT.	SEPTEMBRE.	OCTOBRE.	NOVEMBRE.	DÉCEMBRE.
	Les jours croiss. d'1 h. 4 m.	Les jours croiss. d'1 h. 28 m.	Les jours croiss. d'1 h. 48 m.	Les jours croiss. d'1 h. 28 m.	Les jours croiss. d'1 h. 16 m.	Les jours croiss. de 14 m.	Les jours dim. de 56 m.	Les jours dim. d'1 h. 36 m.	Les jours dim. d'1 h. 42 m.	Les jours dim. d'1 h. 48 m.	Les jours dim. d'1 h. 38 m.	Les jours dim. de 10 m.
	P. Lune le 7. D. Quart. le 14. N. Lune le 21. P. Quart. le 29.	P. Lune le 5. D. Quart. le 12. N. Lune le 20. P. Quart. le 28.	P. Lune le 6. D. Quart. le 12. N. Lune le 20. P. Quart. le 28.	P. Lune le 4. D. Quart. le 11. N. Lune le 17. P. Quart. le 27.	P. Lune le 3. D. Quart. le 10. N. Lune le 19. P. Quart. le 26.	P. Lune le 2. D. Quart. le 9. N. Lune le 17. P. Quart. le 24.	P. Lune le 1. D. Quart. le 9. N. Lune le 17. P. Quart. le 24. P. Lune le 31.	D. Quart. le 8. N. Lune le 15. P. Quart. le 22. P. Lune le 29.	D. Quart. le 6. N. Lune le 13. P. Quart. le 20. P. Lune le 28.	D. Quart. le 6. N. Lune le 13. P. Quart. le 20. P. Lune le 28.	D. Quart. le 5. N. Lune le 11. P. Quart. le 18. P. Lune le 26.	D. Quart. le 4. N. Lune le 11. P. Quart. le 18. P. Lune le 26.

JANVIER	FÉVRIER	MARS	AVRIL	MAI	JUIN	JUILLET	AOÛT	SEPTEMBRE	OCTOBRE	NOVEMBRE	DÉCEMBRE
1 Jeudi	1 Dimanche	1 Lundi	1 Jeudi	1 Samedi	1 Mardi	1 Jeudi	1 Dimanche	1 Mercredi	1 Vendredi	1 TOUSSAINT	1 Mercredi
2 Vendredi	2 Lundi	2 Mardi	2 Vendredi	2 Dimanche	2 Mercredi	2 Vendredi	2 Lundi	2 Jeudi	2 Samedi	2 Mardi	2 Jeudi
3 Samedi	3 Mardi	3 Mercredi	3 Samedi	3 Lundi	3 Jeudi	3 Samedi	3 Mardi	3 Vendredi	3 Dimanche	3 Mercredi	3 Vendredi
4 Dimanche	4 Mercredi	4 Jeudi	4 Dimanche	4 Mardi	4 Vendredi	4 Dimanche	4 Mercredi	4 Samedi	4 Lundi	4 Jeudi	4 Samedi
5 Lundi	5 Jeudi	5 Vendredi	5 Lundi	5 Mercredi	5 Samedi	5 Lundi	5 Jeudi	5 Dimanche	5 Mardi	5 Vendredi	5 Dimanche
6 Épiphanie	6 Vendredi	6 Samedi	6 Mardi	6 Jeudi	6 Dimanche	6 Mardi	6 Vendredi	6 Lundi	6 Mercredi	6 Samedi	6 Lundi
7 Mercredi	7 Samedi	7 Dimanche	7 Mercredi	7 Vendredi	7 Lundi	7 Mercredi	7 Samedi	7 Mardi	7 Jeudi	7 Dimanche	7 Mardi
8 Jeudi	8 Dimanche	8 Lundi	8 Jeudi	8 Samedi	8 Mardi	8 Jeudi	8 Dimanche	8 Mercredi	8 Vendredi	8 Lundi	8 Mercredi
9 Vendredi	9 Lundi	9 Mardi	9 Vendredi-St	9 Dimanche	9 Mercredi	9 Vendredi	9 Lundi	9 Jeudi	9 Samedi	9 Mardi	9 Jeudi
10 Samedi	10 Mardi	10 Mercredi	10 Samedi	10 Lundi	10 Fête-Dieu	10 Samedi	10 Mardi	10 Vendredi	10 Dimanche	10 Mercredi	10 Vendredi
11 Dimanche	11 Mercredi	11 Jeudi	11 PÂQUES	11 Mardi	11 Vendredi	11 Dimanche	11 Mercredi	11 Samedi	11 Lundi	11 Jeudi	11 Samedi
12 Lundi	12 Jeudi	12 Vendredi	12 Lundi	12 Mercredi	12 Samedi	12 Lundi	12 Jeudi	12 Dimanche	12 Mardi	12 Vendredi	12 Dimanche
13 Mardi	13 Vendredi	13 Samedi	13 Mardi	13 Jeudi	13 Dimanche	13 Mardi	13 Vendredi	13 Lundi	13 Mercredi	13 Samedi	13 Lundi
14 Mercredi	14 Samedi	14 Dimanche	14 Mercredi	14 Vendredi	14 Lundi	14 Mercredi	14 Samedi	14 Mardi	14 Jeudi	14 Dimanche	14 Mardi
15 Jeudi	15 Dimanche	15 Lundi	15 Jeudi	15 Samedi	15 Mardi	15 Jeudi	15 ASSOMPTI.	15 Mercredi	15 Vendredi	15 Lundi	15 Mercredi
16 Vendredi	16 Lundi	16 Mardi	16 Vendredi	16 Dimanche	16 Mercredi	16 Vendredi	16 Lundi	16 Jeudi	16 Samedi	16 Mardi	16 Jeudi
17 Samedi	17 Mardi	17 Mercredi	17 Samedi	17 Lundi	17 Jeudi	17 Samedi	17 Mardi	17 Vendredi	17 Dimanche	17 Mercredi	17 Vendredi
18 Dimanche	18 Mercredi	18 Jeudi	18 Dimanche	18 Mardi	18 Vendredi	18 Dimanche	18 Mercredi	18 Samedi	18 Lundi	18 Jeudi	18 Samedi
19 Lundi	19 Jeudi	19 Vendredi	19 Lundi	19 Mercredi	19 Samedi	19 Lundi	19 Jeudi	19 Dimanche	19 Mardi	19 Vendredi	19 Dimanche
20 Mardi	20 Vendredi	20 Samedi	20 Mardi	20 ASCENSI.	20 Dimanche	20 Mardi	20 Vendredi	20 Lundi	20 Mercredi	20 Samedi	20 Lundi
21 Mercredi	21 Samedi	21 Dimanche	21 Mercredi	21 Vendredi	21 Lundi	21 Mercredi	21 Samedi	21 Mardi	21 Jeudi	21 Dimanche	21 Mardi
22 Jeudi	22 Dimanche	22 Lundi	22 Jeudi	22 Samedi	22 Mardi	22 Jeudi	22 Dimanche	22 Mercredi	22 Vendredi	22 Lundi	22 Mercredi
23 Vendredi	23 Lundi	23 Mardi	23 Vendredi	23 Dimanche	23 Mercredi	23 Vendredi	23 Lundi	23 Jeudi	23 Samedi	23 Mardi	23 Jeudi
24 Samedi	24 Mardi-Gras	24 Mercredi	24 Samedi	24 Lundi	24 Jeudi	24 Samedi	24 Mardi	24 Vendredi	24 Dimanche	24 Mercredi	24 Vendredi
25 Dimanche	25 Mercredi	25 Jeudi	25 Dimanche	25 Mardi	25 Vendredi	25 Dimanche	25 Mercredi	25 Samedi	25 Lundi	25 Jeudi	25 NOEL
26 Lundi	26 Jeudi	26 Vendredi	26 Lundi	26 Mercredi	26 Samedi	26 Lundi	26 Jeudi	26 Dimanche	26 Mardi	26 Vendredi	26 Dimanche
27 Mardi	27 Vendredi	27 Samedi	27 Mardi	27 Jeudi	27 Dimanche	27 Mardi	27 Vendredi	27 Lundi	27 Mercredi	27 Samedi	27 Lundi
28 Mercredi	28 Samedi	28 Dimanche	28 Mercredi	28 Vendredi	28 Lundi	28 Mercredi	28 Samedi	28 Mardi	28 Jeudi	28 Dimanche	28 Mardi
29 Jeudi	29 Dimanche	29 Lundi	29 Jeudi	29 Samedi	29 Mardi	29 Jeudi	29 Dimanche	29 Mercredi	29 Vendredi	29 Lundi	29 Mercredi
30 Vendredi	Nomb. d'Or 10.	30 Mardi	30 Vendredi	30 PENTECOT	30 Mercredi	30 Vendredi	30 Lundi	30 Jeudi	30 Samedi	30 Mardi	30 Jeudi
31 Samedi	Ep. IX. Cycle Sol. 13.	31 Mercredi		31 Lundi		31 Samedi	31 Mardi		31 Dimanche		31 Vendredi

CALENDRIER POUR L'ANNÉE 1853.

JANVIER.	FÉVRIER.	MARS.	AVRIL.	MAI.	JUIN.	JUILLET.	AOUT.	SEPTEMBRE.	OCTOBRE.	NOVEMBRE.	DÉCEMBRE.
Les jours croiss. d'1 h. 4 m.	Les jours croiss. d'1 h. 25 m.	Les jours croiss. d'1 h. 49 m.	Les jours croiss. d'1 h. 56 m.	Les jours croiss. d'1 h. 16 m.	Les jours croiss. de 14 m.	Les jours dim. de 56 m.	Les jours dim. d'1 h. 36 m.	Les jours dim. d'1 h. 42 m.	Les jours dim. d'1 h. 44 m.	Les jours dim. d'1 h. 18 m.	Les jours dim. de 10 m.
D. Quart le 2 N. Lune le 9. P. Quart. le 17 P. Lune le 25	D. Quart le 1. N. Lune le 8 P. Quart le 16 P. Lune le 23	D. Quart. le 2 N. Lune le 9. P. Quart le 17. P. Lune le 25. D. Quart. le 31.	N. Lune le 8 P. Quart. le 16 P. Lune le 23. D. Quart. le 30.	N. Lune le 8 P. Quart. le 16. P. Lune le 22 D. Quart. le 29	N. Lune le 6. P. Quart. le 13. P. Lune le 21 D. Quart. le 28.	N. Lune le 6. P. Quart. le 13. P. Lune le 20 D. Quart. le 27.	N. Lune le 5. P. Quart le 12. P. Lune le 18. D. Quart. le 26	N. Lune le 3. P. Quart. le 10. P. Lune le 17. D. Quart. le 25.	N. Lune le 2. P. Quart le 9. P. Lune le 17. D. Quart. le 25.	N. Lune le 1. P. Quart le 8. P. Lune le 15. D. Quart. le 23 N. Lune le 30	P. Quart. le 7. P. Lune le 15. D. Quart le 22. N. Lune le 30

JANVIER	FÉVRIER	MARS	AVRIL	MAI	JUIN	JUILLET	AOUT	SEPTEMBRE	OCTOBRE	NOVEMBRE	DÉCEMBRE
1 Samedi	1 Mardi	1 Mardi	1 Vendredi	1 Dimanche	1 Mercredi	1 Vendredi	1 Lundi	1 Jeudi	1 Samedi	1 TOUSSAIN.	1 Jeudi
2 Dimanche	2 Mercredi	2 Mercredi	2 Samedi	2 Lundi	2 Jeudi	2 Samedi	2 Mardi	2 Vendredi	2 Dimanche	2 Mercredi	2 Vendredi
3 Lundi	3 Jeudi	3 Jeudi	3 Dimanche	3 Mardi	3 Vendredi	3 Dimanche	3 Mercredi	3 Samedi	3 Lundi	3 Jeudi	3 Samedi
4 Mardi	4 Vendredi	4 Vendredi	4 Lundi	4 Mercredi	4 Samedi	4 Lundi	4 Jeudi	4 Dimanche	4 Mardi	4 Vendredi	4 Dimanche
5 Mercredi	5 Samedi	5 Samedi	5 Mardi	5 ASCENSE.	5 Dimanche	5 Mardi	5 Vendredi	5 Lundi	5 Mercredi	5 Samedi	5 Lundi
6 Jeudi	6 Dimanche	6 Dimanche	6 Mercredi	6 Vendredi	6 Lundi	6 Mercredi	6 Samedi	6 Mardi	6 Jeudi	6 Dimanche	6 Mardi
7 Vendredi	7 Lundi	7 Lundi	7 Jeudi	7 Samedi	7 Mardi	7 Jeudi	7 Dimanche	7 Mercredi	7 Vendredi	7 Lundi	7 Mercredi
8 Samedi	8 Mardi-Gras	8 Mardi	8 Vendredi	8 Dimanche	8 Mercredi	8 Vendredi	8 Lundi	8 Jeudi	8 Samedi	8 Mardi	8 Jeudi
9 Dimanche	9 Mercredi	9 Mercredi	9 Samedi	9 Lundi	9 Jeudi	9 Samedi	9 Mardi	9 Vendredi	9 Dimanche	9 Mercredi	9 Vendredi
10 Lundi	10 Jeudi	10 Jeudi	10 Dimanche	10 Mardi	10 Vendredi	10 Dimanche	10 Mercredi	10 Samedi	10 Lundi	10 Jeudi	10 Samedi
11 Mardi	11 Vendredi	11 Vendredi	11 Lundi	11 Mercredi	11 Samedi	11 Lundi	11 Jeudi	11 Dimanche	11 Mardi	11 Vendredi	11 Dimanche
12 Mercredi	12 Samedi	12 Samedi	12 Mardi	12 Jeudi	12 Dimanche	12 Mardi	12 Vendredi	12 Lundi	12 Mercredi	12 Samedi	12 Lundi
13 Jeudi	13 Dimanche	13 Dimanche	13 Mercredi	13 Vendredi	13 Lundi	13 Mercredi	13 Samedi	13 Mardi	13 Jeudi	13 Dimanche	13 Mardi
14 Vendredi	14 Lundi	14 Lundi	14 Jeudi	14 Samedi	14 Mardi	14 Jeudi	14 Dimanche	14 Mercredi	14 Vendredi	14 Lundi	14 Mercredi
15 Samedi	15 Mardi	15 Mardi	15 Vendredi	15 PENTECOT	15 Mercredi	15 Vendredi	15 ASSOMPTI.	15 Jeudi	15 Samedi	15 Mardi	15 Jeudi
16 Dimanche	16 Mercredi	16 Mercredi	16 Samedi	16 Lundi	16 Jeudi	16 Samedi	16 Mardi	16 Vendredi	16 Dimanche	16 Mercredi	16 Vendredi
17 Lundi	17 Jeudi	17 Jeudi	17 Dimanche	17 Mardi	17 Vendredi	17 Dimanche	17 Mercredi	17 Samedi	17 Lundi	17 Jeudi	17 Samedi
18 Mardi	18 Vendredi	18 Vendredi	18 Lundi	18 Mercredi	18 Samedi	18 Lundi	18 Jeudi	18 Dimanche	18 Mardi	18 Vendredi	18 Dimanche
19 Mercredi	19 Samedi	19 Samedi	19 Mardi	19 Jeudi	19 Dimanche	19 Mardi	19 Vendredi	19 Lundi	19 Mercredi	19 Samedi	19 Lundi
20 Jeudi	20 Dimanche	20 Dimanche	20 Mercredi	20 Vendredi	20 Lundi	20 Mercredi	20 Samedi	20 Mardi	20 Jeudi	20 Dimanche	20 Mardi
21 Vendredi	21 Lundi	21 Lundi	21 Jeudi	21 Samedi	21 Mardi	21 Jeudi	21 Dimanche	21 Mercredi	21 Vendredi	21 Lundi	21 Mercredi
22 Samedi	22 Mardi	22 Mardi	22 Vendredi	22 Dimanche	22 Mercredi	22 Vendredi	22 Lundi	22 Jeudi	22 Samedi	22 Mardi	22 Jeudi
23 Dimanche	23 Mercredi	23 Mercredi	23 Samedi	23 Lundi	23 Jeudi	23 Samedi	23 Mardi	23 Vendredi	23 Dimanche	23 Mercredi	23 Vendredi
24 Lundi	24 Jeudi	24 Jeudi	24 Dimanche	24 Mardi	24 Vendredi	24 Dimanche	24 Mercredi	24 Samedi	24 Lundi	24 Jeudi	24 Samedi
25 Mardi	25 Vendredi	25 Vendredi-St	25 Lundi	25 Mercredi	25 Samedi	25 Lundi	25 Jeudi	25 Dimanche	25 Mardi	25 Vendredi	25 NOEL.
26 Mercredi	26 Samedi	26 Samedi	26 Mardi	26 Fête-Dieu	26 Dimanche	26 Mardi	26 Vendredi	26 Lundi	26 Mercredi	26 Samedi	26 Lundi
27 Jeudi	27 Dimanche	27 PAQUES	27 Mercredi	27 Vendredi	27 Lundi	27 Mercredi	27 Samedi	27 Mardi	27 Jeudi	27 Dimanche	27 Mardi
28 Vendredi	28 Lundi	28 Lundi	28 Jeudi	28 Samedi	28 Mardi	28 Jeudi	28 Dimanche	28 Mercredi	28 Vendredi	28 Lundi	28 Mercredi
29 Samedi	Nomb. d'Or II.	29 Mardi	29 Vendredi	29 Dimanche	29 Mercredi	29 Vendredi	29 Lundi	29 Jeudi	29 Samedi	29 Mardi	29 Jeudi
30 Dimanche	Ep. XX.	30 Mercredi	30 Samedi	30 Lundi	30 Jeudi	30 Samedi	30 Mardi	30 Vendredi	30 Dimanche	30 Mercredi	30 Vendredi
31 Lundi	Cycle Sol. 14. Ind. VI.	31 Jeudi		31 Mardi		31 Dimanche	31 Mercredi		31 Lundi		31 Samedi

SERVICE DES POSTES DANS LA VILLE DE PARIS.

I. Heures des levées des boîtes et des distributions dans Paris.

Les heures des levées de boîtes sont réglées d'après la distance qui se trouve entre les boîtes et l'administration centrale. Les boîtes situées aux extrémités de la ville sont levées aux heures fixes indiquées pour le *commencement de chaque levée*. On peut calculer *cinq minutes de délai par distance de 500 mètres*, lorsqu'on se rapproche de l'hôtel des Postes. Les boîtes placées dans un premier périmètre de 500 mètres de l'administration centrale sont levées *une demi-heure* après celles des faubourgs. Les boîtes de l'hôtel des Postes sont levées *une heure* plus tard. (Voir l'heure précise des levées de chaque boîte à son indicateur mobile.) Dans aucun cas, la distribution d'une lettre de la ville pour la ville ne demande moins d'*une heure et demie* ni plus de *trois heures*. — Les lettres affranchies au moyen de timbres-postes sont reçues dans les boîtes de l'hôtel des Postes 20 minutes après toutes les autres.

	LEVÉES DES BOITES	DISTRIBUTIONS.	
(m.) *Levée spéciale pour le 1er départ des dépêches supplémentaires*	À 5 h. en été et à 5 h. 1/2 en hiver à l'hôtel des Postes. A 4 h. 30 ou 5 h. aux bureaux et annexes.	1re distribution à 7 h. 1/2 du matin.	Pour les lettres de Paris, des départements et de l'étranger.
1re *pour la 2e distribution.*	À 7 h. 1/2, à 8 h. 1/4 du matin aux boîtes de quartier, aux bureaux d'arrondissement. À 8 h. 1/2 et à 9 h. à l'hôtel des Postes.	2e distrib. à 9 h. 1/2,	Pour les lettres de Paris et du 2e courrier d'Angleterre.
2e *pour la 3e distribution et le 2e départ des dépêches supplémentaires*	À 9 h. 1/2, à 10 h. 1/4 aux boîtes et aux bureaux d'arrondiss. À 10 h. 1/2 à l'hôtel des Postes.	3e distrib. à 11 h. 1/2.	Pour les lettres de Paris et des courriers supplémentaires.
3e *pour la 4e distribution.*	À 11 1/2, à midi 1/4 aux boîtes et aux bureaux d'arrondissement. À midi 1/4 à l'hôtel des Postes.	4e distrib. à 1 h. 1/2 après-midi,	Pour les lettres de Paris.
4e *pour la 5e distribution.*	À 1 h. 1/2, à 2 h. 1/4 après midi aux boîtes et aux bur. d'arr. À 2 h. 1/2 à l'hôtel des Postes.	5e distrib. à 3 h. 1/2 du soir.	Pour les lettres de Paris.
5e *et dernier les jours ouvrables pour les départements et l'étranger.*	À 3 h. 1/2, à 4 h. 1/4 aux boîtes et aux bureaux d'arrondissement. À 4 h. 1/2 à l'hôtel des Postes.	6e distrib. à 5 h. 1/2 du soir.	Pour les lettres de Paris et des courriers supplémentaires.
(s.) *Levée spéciale pour les départements et l'étranger.*	À 5 h. à l'hôtel des Postes. À 5 h. au palais de la Bourse. À 5 h. au Corps-Législatif. À 5 h. 1/4 à l'hôtel des Postes pour les lettres affranchies en timbres-postes.		
6e *pour la 7e distribution.*	À 5 h. 1/2, à 5 h. 3/4 aux boîtes et aux bureaux d'arrondiss. à 6 h. 1/2 à l'hôtel des Postes.	7e distrib. à 7 h. soir.	Pour les lettres de Paris et des courriers supplémentaires.
7e *pour la 1re distribution du lendemain et pour le départ du Havre.*	À 9 h., à 9 h. 3/4 aux boîtes et aux bureaux d'arrondissement. À 9 h. 3/4 à l'hôtel des Postes.	Pour la 1re distribution du lendemain et la 1re expédition des dépêches supplémentaires.	
La sixième levée est faite..........		De 5 h. à 5 h. 3/4 aux boîtes et aux bureaux d'arrondissement. À l'hôtel des Postes à 6 h. du soir.	Pour la 1re distribution du lendemain et la 1re expédition des dépêches supplément.

Les dimanches et fêtes, par exception, la 7e levée des boîtes, ainsi que les 6e et 7e distributions n'ont pas lieu.

LEVÉES EXTRAORDINAIRES DU SOIR pour lettres affranchies par timbres-postes et à destination des villes desservies par chemins de fer.

L. (*Ligne de Lyon.*) — Jusqu'à 7 h. 15 min. du soir, au bureau B, boul. Beaumarchais, 20.

H. (*Ligne du Havre.*) — Jusqu'à 10 h. du soir, au bureau E, rue Deséze, 21.

N. (*Ligne du Nord.*) — Jusqu'à 7 h. du soir, au bureau annexe, place Lafayette.

S. (*Ligne de Strasbourg*) — Jusqu'à 7 h. du soir, au bureau annexe, rue du Faub.-St-Martin, 162.

C. (*Ligne du Centre.*) — Jusqu'à 7 h. du soir, au bureau annexe de la Salpêtrière, boul. de l'Hôpital.

II. Hôtel des Postes, Bureaux d'arrondissement, Annexes et Boîtes de quartier.

Le service des affranchissements, chargements et recommandations, celui des articles d'argent, etc., se font à l'hôtel des Postes et aux seuls bureaux et annexes. Les boîtes des quartiers ne servent qu'au dépôt des dépêches.

HÔTEL DES POSTES, rue Jean-Jacques-Rousseau.

Jean Jacques Rousseau 21, Coq Héron 10.

Bureau A, rue Saint-Honoré, 12.

1er bureau annexe, Hôtel-de-Ville.

2e bureau annexe, r. Ste-Bourg-l'Abbé, 4.

St Denis 162, id. 121, Neuve St Merry 18, de la Verrerie 55, Parvis Notre Dame, id. 26, Cité, 32, Palais de Justice, pl. 5, Châtelet, pl. 1, Vannerie 53, Lombards 21, Lavandières 41, Monnaie 13, l'École, pl. 16, Dauphine, pl. 2, Orfèvres, quai (Préfecture de Police), Chevalier du Guet, place (Mairie), St Germain l'Auxerrois 77, Louvre, pl. 22, l'Arbre Sec 58, Deux Écus 20, Contrat Social 7, St Honoré 122, id. 183, St Denis 307, Greneta 45, St Denis 218, Petit Lion St Sauveur 21, Cloître St Jacques 9, Grande Truanderie 38, Coquillière 1.

Bureau B, boulevart Beaumarchais, 29.

Bureau annexe, r. du Faub.-St-Antoine, 156.

Popincourt 31, id. 65, St Sébastien 6, Pont aux Choux 19, St Louis 50, Colombier 5, Ballets 3, Rosiers 26, Trois Pavillons 2, Neuve Ste Catherine 18, St Louis 21, Geoffroy Lasnier (Mairie), St Antoine 50, Fourcy 1, Nonaindières 5, Célestins, qu. 58, St Antoine 196, Vosges, pl. 14 (Mairie), Faubourg St Antoine 103, id. 53, id. 5, Roquette (prison), Charonne 137, id. 60, Roquette 51, Charenton 167, Lesair 2, Charenton 69, Picpus 30, Faubourg St Antoine 217, Reuilly 30, Rapée 30, Bercy 22, Mazas, pl. (Prison)

Bureau C, rue du Grand-Chantier, 5.

Bureau annexe, rue Folie-Méricourt, 12.

Ménilmontant 107, St Maur 116, Ménilmontant 21, Temple, boul. 13, id. 30, Bretagne 38, Hôpital St Louis, Dupuis Vendôme 3, Fg du Temple 82, id. 32, id. 4, Temple, boul. 43, Douane 2, Lancry 33, Bondy 40, St Martin, boul. 55, St Martin 339, Ferdinand-Berthaud 8, Mealay 43, Temple 191, Neuve St Martin 3, Phélippeaux 42, Temple 148, Simon le Franc 12, St Martin 119, id. 181, id. 266, Aumaire 31, Gravilliers 23, Blancs Manteaux 27, Temple 62, Rambuteau 43, Michel le Comte 39, Temple 103, Verrerie 2, Vieille du Temple 25, Parodis (Mont de Piété), Ville du Temple (Impr. Nation) 62, id. 80, Poitou 24.

Bureau D, rue de l'Echiquier, 27.

1er bureau annexe, rue du Faubourg-Saint-Martin, 162.

2e bureau annexe, place Lafayette, 5.

Blanche 69, Saint Lazare 43, Faubourg Poissonnière 161, id. 65, Geoffroy Marie 2, Richer 30, Hauteville 41, Taitbout 16, Laffitte 24, Victoire 52, Lamartine 2, Drouot (Mairie), Montmartre, boul. 19, Rochechouart 67, Faubourg Montmartre 36, Poissonnières, boul. 14, Faubourg Poissonnière 18, id. 42, Nord 2, Faubourg St Denis 153, id. 110, id. 73, id. 1, Bonne Nouvelle, boul. 19, Faub. St Martin 52, id. 62, id. 1, Récollets (Incurables) Strasbourg 13, Martyrs 53, Bréda, pl. 10, id. 12, Notre Dame de Lorette 58, Figaro 32.

Bureau E, rue Desèze, 21

1er bureau annexe, rue du Faubourg-St-Honoré, 173.

2e bureau annexe, rue de Londres, 33.

Matignon, av. 63, Billy, qu. 2, Chaillot 53, id. 99 (Ste Périne), Champs Élysées, av. 111, Ponthieu 60, id. 6, Cirly 30, St Lazare 74, Chaussée d'Antin 35.

Bureau F, rue de Beaune, 2.

1er bureau annexe, Petite Rue du Bac, au coin de la rue de Sèvres.

2e bureau annexe, rue Saint-Dominique, 116, au Gros-Caillou.

Palais Bourbon, pl. 1, Lille 62, Varennes 78 (Min. du Commerce), Grenelle 103 (Min. de l'Intérieur), id. 101, St Dominique 86 (Min. de la Guerre), id. 74, l'Université 53, Sèvres 46, Sèvres (Hosp. des Incurables) 42, id. 26, Bac 69, id. 89, St Dominique 50, Cherche Midi 87, Chaise 28, Grenelle 7, Taranne 1, Jacob 32, id. 43 (Hosp. de la Charité), Ste Pères 22, Voltaire, qu. 0, Boucherie 4, St Dominique 168, id. 112, Sèvres (Hosp. des Enfants) 119, Plumet 9, Vaneau 31, Fontenoy, pl. 1, École Militaire, grille du Midi, la Mothe Piquet, av. 27, Hôtel des Invalides, grille du Nord.

Bureau G, rue Saint-André-des-Arts, 61.

Bureau annexe, rue de la Ste-Chapelle, 15.

St Michel 16, Lycée St Louis, Harpe 79, École de Médecine, Ancienne Comédie 3, Four St Germain 57, id 35, Bussy 30, l'Abbaye 2, Seine 41, Guénégaud 35, Conti, qu. 1, St Jacques 161, id. (Lycée Louis le Grand), id. 53, Conti, qu. (à l'Institut) 23, Petit Pont 7, Pont St Michel, pl. 4, Madame 11, St Sulpice (Mairie), Quatre Vents 22, St Jacques (Institut des Sourds Muets), Monsieur le Prince 39.

Bureau H, rue des Fossés-St-Victor, 35.

1er bureau annexe, à la Salpêtrière, boulevart de l'Hôpital.

2e bureau annexe, rue St-Louis-en-l'Ile, 29.

Austerlitz, qu. 51, l'Hôpital, boul. (Chemin de fer d'Orléans), Geoffroy St Hilaire 18, d'Orléans 24, Mouffetard 117, id. 59, St Victor 71, 126, Cambrai, pl. 6, Reims (Lycée Ste Barbe), Panthéon, pl. (École de Droit), Clovis (Lycée Napoléon), Descartes (École Polytechnique), Mouffetard 155, id. Gobelins, id. 208, l'Oursine 195, Lyonnais 36, Postes (Lycée Rollin) Tournelles, qu. 21, Entrepôt des Vins, St Victor 7.

Bureau J, place de la Bourse, 4.

Bureau annexe, rue Bourdaloue, 5.

Neuve St Augustin 59, Neuve des Petits Champs 75, Michodière 11, St Marc 30, Richelieu 85, Palais Royal, galerie Valois 138, id. Comptoir national, Bons Enfants 9, Boulot 4, Grenelle St Honoré 20, Coquillière 45, Victoires, pl. 4, Vivienne 1, Montorgueil 35, St Sauveur 21, Thévenot 26, Neuve St Eustache 19, Cléry 3, Montmartre (Messagerie nationale), Palais de la Bourse, Bourbon Villeneuve 11, St Denis 338, Beauregard 32, Poissonnière 83, Sentier 12, Montmartre 163.

Bureau K, rue de Rivoli, 10 bis.

Bureau annexe, rue Chaillot, 5.

Ste Anne 59, Richelieu 58, Neuve des Petits Champs 41, Richelieu 17, Ste Anne 1, Ortie 9, Nve du Luxembourg (Justice), Rivoli 48 (Finances), Royale 2 (Marine), Vendôme, pl. 0, St Honoré 353, id. 304.

Bureau L, rue de Vaugirard, 19.

Vaugirard 53, id. 151, d'Enfer (Enfants Trouvés) 72, Faub. St Jacques (Hosp. Cochin), St Jacques 313, Levin 16, Chemin de fer de la rive gauche.

Bureau M, Corps Législatif, place du Palais Bourbon.

III. Bureaux de la banlieue et des départements en correspondance supplémentaire avec Paris.

Outre l'expédition générale qui a lieu chaque jour à six heures du soir, il part encore de l'hôtel des Postes des expéditions supplémentaires qui ont lieu à diverses heures du jour. La table suivante donne les noms des bureaux qui profitent du service supplémentaire, et les numéros des levées correspondantes aux départs pour chacun. Les lettres générales sont indiquées par les chiffres 1, 2, 3 jusqu'à 7 et dans l'ordre de la veille ou le lendemain, les levées particulières du matin et du soir par les lettres m et s, et les levées extraordinaires du soir pour les chemins de fer par les lettres L, H, S, S et C, initiales des lignes.

Abbeville 7, m. 1, Abliz 7, m. Ablon 7, m. 8, 4. Aigrefeuille, Aigueperse, Ailly sur Noye, Aythaines, Aire sur la Lys, Ais en Othe, 7, m. Aix en Provence 1, Albert 7, m. Albitreh 1, Amboise 7, m. Amiens 7, m. 2, N. Aurebis, Abcy le France.

Andelys (Les), 7, m. Audréay 7, m, 2. Anet 7, m. Angers 7, m, C. Angerville 7, m, 2. Anglure 7, m. Angoulême 7, m, C. Anse 1. Antony 7, m, 3. Aniche, Anlay le Château, 7, m. Annonay 1. Ancin, Appoigny, 7, m. Arcueil 7, m, 2. Arcis sur Aube, Arcis sur Cure, Ardres, 7, m. Argenteuil 7, m, 2 Arles sur Rhône 1. Armentières 7, m. Arpajou 7, m, 2. Arras 7, m, 2, N. Artenay 7, m, 2. Asnlères 7, m, 3. Aihies 7 m, Athis Mons 7, m, 3, 4. Attichy 7, m. Auberrilliers 7, m, 3. Aubeterre sur Barbuise, Aubigny en Artois, Audruicq, Auffay, Aumale, 7 m. Auneau 7, m, 2. Auray 7, m. Auteuil 7, m, 2 Authou la Plaine 2. Autrèche 7, m Autun 7, m, L. Aure 1. Auxerré, Avallon, 7, m, 1, Aveane 7, m, N. Avize 1. Avignon 1, C. Avoine 7, m. Ay Champagne 1. Azay le Rideau 7, m.

Baguolet 7, m, 3. Bagé le Châtel 1. Bailleau le Pin, Bailleul, Bapaume, Barbesieux, 7, m. Barentin 7, m, 2 Bar le Duc 1, 2. Bar sur Aube, Bar sur Seine, 7, m. Barr 1. Basqueville, Basse Indre (La), Bassée (La), Bassou, 7, m. Batignolles 7, m, 2, 3, 4. Baye 7, m. Bayonne 1. Bazoche Gouet (La) 7, m. Beaucaire 1. Beaudreville, Beaufort en Vallée, Beaugency, 7, m. Beaujeu 4. Beaumont 7, m, 2, N. Besune 7, m, 1. Beaune la Rolande 7, m Beaurepaire 1. Beauvais 7, m, 1, N. Bellegarde 7, m Belleville lès Paris 7, m, 2, 3. Belleville sur Saône, Benfeld, 1. Bergues 7, m. Berry 7, m, 2, 3, 4. Bernay en Ponthieu, Berry au Bac, 7, m. Besançon L. Béthune, Bets 7, m. Bicêtre 7, m, 3. Biètres 7, m, 2. Billancourt 7, m, 3. Bischwiller 1. Biérancourt, Blain, Bléré, Blincourt, 7, m. Blois 7, m, C. Boiscommun 7, m. Bolazy St Léger 7, m, 3. Bolbec 7, m, Bondy 7, m, 3. Bonnetal 7, m. Bounières, Boran, 7, m, 2. Bordeaux 7, m, C. Bourbain 7, m. Bougival 7, m, 2 Bouille (La) 7, m. Boulogne 7, m, 3. Boulogne sur Mer 7, m, 1, N. Bouray, Bourbonne les Bains, Bourdinière 7, m. Bourg, Bourg du Péage, 1. Bourg Dun 7, m. Bourges 7, m, C. Bourget, Bourg la Reine 7, m, 3. Bourgoin 1 Bourgueil 7, m. Bouxwiller 1. Bourton, Boyne, Bracieux, Braisne sur Vesle, Bray sur Seine, Bray sur Somme, 7, m. Brezles 7, m, 1. Brest, Breteuil, Brezolles, 7, m. Brie Comte Robert 7, m, 3. Brienon 7, m, 1. Brignais 1. Brila sous Forges, Brou 7, m. Brunaib 1. Brunoy 7, m, 2, 3 Bruyères le Châtel 7, m. Bry sur Marne 7, m, 3. Bu, Buchy. Bulles 7, m.

Calais 7, m, 2, N. Cambrai 7, m, N. Concale, Cany Carentoie 7, m. Carpentras 1 Carvin, Carletuht, Cassel 7, m. Cassis 1. Caudebec, Cellettes, Cerisiers 7, m. Ceason 7, m, 3. Crtie, 1. Chablis, Chagny, Chaillé les Marais, Chilly, Châlon sur Saône, Chalonnes 7, m. Châlons sur Marne 7, m, 2. Chambly, 7, m, 2. Chambon (Le) 1. Champigny 7, m, 3. Champs sur Marne, Champrond, 7, m. Chantilly, Chapelle en Serval, 7, m, 2. Chapelle Gauthier, Chapelle la Reine, 7, m. Chapelle St Denis 7, m, 3. Chapelle sur Loire, Chapelle Vendomoise 7, m. Chatenton 7, m, 3 Charité (La) 7, m. Charleville S. Charly 7, m. Charolles 1. Charonne 7, m, 3. Charost 7, m. Chartres 7, m, 2, C. Chasselay 1. Château Chinon, Châteaudun, Château Gontier, Château Landon, Châteaulin, Châteauneuf de Bretagne, Châteauneuf en Thimerais, Château Renard, Château Renault, 7, m. Châteauroux 7, m, C. Château Salins S. Château Thierry 1, 2, S. Châtellerault 7, m. Châtelet 7, m. Châtillon sur Bagneux 7, m, 3. Châtillon sur Seine 7, m. Chaton 7, m, 2. Chauffailles 1. Chaunes 7, m. Chaumont en Bassigny 4 Chaumont en Vexin 7, m, H. Chaumont sur Aire 1 Chauny, Chaussée (La), Chatenon 7, m. Chelles 7, m, 2, 4. Cheroy, Chéry Chartreuse 7, m. Checilly 7, m, 2. Chevreuse, Chinon 7, m. Choisy le Roy 7, m, 3. Cholet, Chouzé, Chuelles 7, m Cinq Mars 7, m Ciotat (La) 1. Cire lès Mello 7, m Clamart 7, m, 3. Clamery 7, m. Clayé 7, m, 3. Clères 7, m. Clermont 7, m, 1. Clermont Ferrand 7, m. Cléry 7, m. Clichy 7, m, 3. Cloyes 7, m. Colmar 1, S. Colombes 7, m, 3. Combourg 7, m. Commercy 1. Compiègne 7, m, 2. Condé en Brie, Condé sur Escaut 7, m. Condrieu 1 Contres, Conquet (Le), 7, m. Corbeil 7, m, 3, 4, C. Corbeny, Corbie 7, m. Côte St André 1. Coubert, Couad le Vivien, Couey le Château, Couilly, Coulanges la Vineuse, Coulanges sur Yonne, Coulouy, Coulommiers, 7, m. Courbevoie 7, m, 3. Cour Cheverry 7, m Courghuas 1. Courson sur Yonne, Courta'in, Courtenay, Coutville, Craon, Crécy, Crécy sur Serre, 7, m. Creil 7, m, 2, N. Crépy en Valois, Crépy en Laonnois 7, m. Cresserons 7, m, 2. Crest 1. Creteil 7, m, 3. Crèvecœur, Criquelot Lesneval, Croisic (Le), Croissy 1. Haye 7, m. Croix Rousse (La) 1. Crouy, Crusy le Châtel, 7, m. Cuisery 1. Cuts 7, m.

Damery, 7, m. Dammartin 7, m, 3. Damville, Dange, 7, m. Darnetal 7, m, 2 Denain, Déols, 7, m. Dieppe 7, m, 2, H. Dijon 7, m, L. Dinan, Dinard Hd, Dolancourt, Donnemarie, 7, m. Donzère 1. Dorlnans 7, m, 3. Dornach 1 Douai 7, m, 2, N.

Doudeville, Doullens, Dourdan, 7, m. Draveil 7, m, 3, 4. Dreux 7, m, 2. Droué, Duclair, Dunkerque, 7, m.

Ecos, 7, m. Ecouen 7, m, 3. Ecouis, Ecure, Egreville, Egriselles le Bocage, 7, m. Elbeuf 7, m, 2, H. Elven 7, m. Enghien les Bains 7 m, 3. Envermeu 7, m. Epernay 1, 2, S. Eperhon 7, m, 2. Epinal S. Epinay 7, m, 3. Epones 7, m, 4. Ernée 7, m Eratein 1 Erry, Essarts (Les), 7, m. Essonnes 7, m, 3, 4. Estaires 7, m. Esternay 1. Estissac, Estrées St Denis, 7, m. Etampes 7, m, 2, C. Etaples 7, m, Etoges, Etoile, 1. Etréchy 7, m, 2. Etrépagny, Eu, 7, m. Evreux 7, m.

Faou (Le), Faremoutiers, Fauville, 7, m. Fécamp 7, m, H. Fère (La) 7, m, 2. Fère Champenoise 1. Fère en Tardenois, Ferrières, Ferté Alais, 7, m. Ferté Gaucher 1. Ferté Milon, Ferté St Aubin, 7, m. Ferté sous Jouarre 1, 2. Festieux, Feuille (La), Feuquières, 7, m. Firminy 1. Fismes, Flavigny, Flavy le Martel, 7, m. Flèche (La) C. Fleury sur Andelle, Filxecourt, Fligny, Foecy, 7, m. Fontainebleau 7, m, 2, 3, L. Fontaine le Dun 7, m. Fontenay aux Roses, Fontenay sous Bois, 7, m, 3. Fontenay sur Loing 7, m. Font-nay Trésigny 7, m, 3. Forbach, S. Forges, Fougerolles du Plessis, Fontchaubault, Formerie, Fouries, 7, m Franconville, 7, m, 3 Freneau (Le) 7, m. Frette (La) 1. Fromenteau 7, m, 3, 4.

Gaillefontaine 7, m, 2. Gaillon 7, m, 2. Gallardon, Gannat, 7, m. Geispolsheim 1. Gennevilliers 7, m. Gerrey, Gisonville, 7, m. Gisors 7, m, H. Givet S. Givors 1. Goderville 7, m. Gonesse 7, m, 3. Gournay, Gournay sur Aronde, Grand Couronne, Grandes Ventes, 7, m. Grand Lemps, Grand Serre, Grandvilliers 7, m. Gratille Leare 7, m, 2. Grenelle 7, m, 3. Grenoble 1. Guérande 7, m. Guéret C. Guerche (La), Guignes, 7, m. Guillotière (La) 1. Guines, Guisrard, Guise, 7, m.

Habsheim 1. Ham 7, m. Haguenau 1. Hangest 7, m. Hardeur 7, m, H. Haubourdin 7, m. Havre (Le) 7, m, 2, H. Haye des Cartes (La), Hasebrouck, Hédé, Hélite le Maurupt, Henin Liétard, Hennebont, Herblers (Les), Hendin, 7, m. Hochfelden 1. Hondschootte, Hornoy, Houdan, 7, m. Huningue 1.

Ifiers 7, m. Ingomville 7, m, 2, H. Ingrande 7, m. Isle Adam 7, m, 2. Isle Aumont, Isle Bouchard, Issoudun, 7, m. Issy 7, m, 3. Issy 7, m Ivry 7, m, 3. Isry la Bataille, 7, m.

Janlona 7, m. Janville 7, m, 2. Jaulnay 7, m. Joigny 7, m, 1, L. Joinville 1. Joinville le Pont 7, m, 3. Jonchery, Josnes, 7, m. Jouarre 1, 2. Jouéde Touraine, Jouet sur l'Aubois, 7, m Jouy en Josas 7, m, 2.

Kaysersberg 1.

Ladon 7, m Lagny 7, m, 2, 4. Laignes, Lamarche, Landerneau, Landivy, Longvais, Langres, Launoy, Laon, 7, m, N. Lardy 7, m, 2 Lassigny 7, m. Lauterbourg 1. Laval 7, m, C. Lavenie, Lens, 7, m. Liancourt 7, m, 1. Lieusaint 7, m, 2, 3 Ligny en Barois. Ligny le Châtel, 7, m. Lille 7, m, 2, H. Lillebonne 7, m. Limoges 7, m, C. Limoneat 7, Linours 7, m. Linas 7, m, 2 Lisy 7, m. Lisron 1. Livry 7, m, 3. Loches, Le-ciné, Londinières 7, m. Longjumeau 7, m, 3 Longueville 7, m. Lons le Saulnier 1, L. Lorient 7, m. Loriol 1. Lorrès le Bocage, Lorris, 7, m. Louhans 1. Loupe (La) 7, m. Louviers 7, m, 2, H. Louvres 7, m, 3. Luçon, Lucy le Bois 7, m. Luzuy. Lunéville, 1. Lussigny 7, m. Luzarches 7, m, 3. Lanzi 1. Lunéville S. Lyon 1, C. Lyons la Forêt.

Machemont 7, m. Mâcon 1, L. Magny, Maignelay, 7, m. Maintenon 7, m, 2. Maison Blanche 7, m, 3. Maison Rouge 7, m. Maisons A Fort 7, m, 3. Maison sur Seine 7, m, 3, 4. Maisse, Malaubay, Malesherbes, Malesirolt, 7, m. Mana (Le) C. Mantes 7, m. 2, 4. H. Marchenoir, Marchiennes, Mariers, Mareuil sur Lay, Marle, 7 m. Marly le Roi, Marolles les Arpajon, 7, m, 2. Maromme, Marquion, Marquise, Marseille le Petit, 7, m. Marseille 1, C. Masnières 7, m. Maubeuge N. Maule 7, m, 2. Mau en Multien, Mayenne, 7, m. Meaux 7, m, 1, 2, 4, S. Mehun sur Yèvre 7, m. Melun 7, m, 2, 3, L. Menars, Meudon sur Cher, 7, m. Ménil Amelot 7, m, 3. Ménil St Firmin 7, m. Menncy 7, m, 3, 4. Mer. Méréville, Méru, Merville, Méry sur Seine, 7, m. Meta 1. Meulon 7, m, 3 Meulan 7, m, 2, 3, H. Meung sur Loire, Meursault, Milly, 7, m. Moirans 1. Moisseles 7, m, 3. Molsheim Alleine 7, m. Mohsel 1. Montaigu Vendée, Montargis, 7, m. Montauban C. Montataire, Montbazil, Montbazon, 7, m. Montbrison 1. Mont de Marsan 1. Montdidier 7, m. Mohtdragon, Montélidart, 1 Monterrau 7, m, 2, 3. Montauton du Velay 1. Montfort l'Amaury 7, m. Montgeron 7, m, 2, 3. Montigny le Roi, Moulin (Les), Montivilliers, 7, m. Montlhéry 7, m, 2. Mont louis sur Loire 7, m. Montmartre 7, m, 2, 3, 4. Mortmerle, Montmirail, 1. Montmorency 7, m, 3.

Montmort, Montpellier, 1. Montreuil sous Bois 7, m, 2. Montreuil sur Mer 7, m, 1. Montrichard 7, m. Montrouge 7, m, 3. Moras, Morestel, 1. Moret 7, m, 2. Moreuil, Mormant, Mortagne sur Sèvre, Motte Beuvron, Motteville, Moulins (Les), 7, m. Moulins sur Allier C. Nuxillac, Mouy, 7, m. Mulhouse 1, Moy de l'Aisne 7, m.

Nancy 1, 8. Nangis, Nantes, 7, m. Nanterre, 7, m, 2. Nanteuil le Haudouin, Napoléon Vendée C, Neauphle, Nemours, Nérondes, Neale, Neufchâtel. Neuilly en Thelle, 7, m Neuilly sur Marne, Neuilly sur Seine, 7, m, 3. Neuville en Hez, 7, m, 1. Neurcile sur Saône 1. Nevers 7, m, C. Nîmes 1. Niort C. Noailles 7, m. Nogent le Roi 7, m, 2. Nogent le Rotrou, Nogent sur Marne, Nogent sur Seine, 7, m. Noisy le Grand 7, m, 3. Noisy le Sec 7, m, 2. Noisay, Nonancourt, Notre Dame du Vaudreuil, Nouvion en Ponthieu, Noyers, 7, m. Noyon 7, m, 2. Nuits, Nuits sur Armançon, 7, m.

Obernay 1 Oissel sur Seine, Olivet, Onnaing, 7, m. Orange 1 Orchies, Origny Ste Benoite, 7, m. Orléans 7, m, 2, C. Ormes (Les), Ormes sur Voulzie (Les), 7, m. Orsay 7, m, 3. Ouarville, Oucques, 7, m. Ouzlins 1. Ourville, Outarville, 7, m. Ouzouer la Ferrière, 7, m, 3.

Pacy sur Eure 7, m, H. Paimbœuf 7, m. Palaiseau 7, m, 3 Palluand 7, m. Palud (La) 1. Pantin 7, m, 3. Passy Douaville 7, m, 2 Passy 7, m, 3. Pau C, Pauilly 7, m, 2. Peage (Le) 1. Pellerin (Le) 7, m. Périgueux C. Péronne 7, m, N. Perray (Le) 7, m, 2. Perthes, Pharsbourg, 1. Picquigny 7, m, Pierrefitte 1, m, 3. Pierrelatte 1. Pithiviers 7, m, Plessis Chenet 7, m, 4. Ploërmel, Ploudalmezeau, 7, m. Poissy 7, m, 2, 4. Poitiers 7, m, C. Pont à Marcq 7, m, Pont à Mousson 1, 8. Pont Chartrain, Pont Château, 7, m. Pont de l'Arche 7, m, 2, H. Pont de Pany 7, m. Pont de Vaux, Pont de Voy- 1. Ponthierry, Pont le Roi ou sur Seine, Pouilly Voy. 7, m. Pontoise 7, m, 2, H. Pont Remy, Pont Scorff, 7, m. Pont Ste Maxence 7, m, 2. Pont Saint Pierre, Pont St Vincent, Pont sur Yonne, Pontivy, Port à Binson, Port Louis, Poogues, 7, m. Préry sur Oise, 7, m, 2. Provins, Puiseaux 7, m. Puteaux 7, m, 3.

Quatre Chemins de l'Oie 7, m. Queue en Brie 7, m, 3. Queue Gaillols, Quimper, Quimperé, Quincy Ségy, 7, m.

Raismes 7, m. Rambouillet 7, m, 2. Rebais 1, 8 Redon 7, m. Reims 7, m, C. Remons, Reuilly, Retigny, 7, m. Ribaurille 1. Ribecourt, Ribemont, Rigny le Ferron, Riom, 7, m. Ris 7, m, 2, 4. Rive de Gier, Rives, Richelieu, 1. Rosnné C. Roche Bernard (La), Rochefort en terre, Roche St Cidroine, 7, m, Romainville 7, m, 3. Romanèche, Romans 1. Romilly sur Seine, Romorantin, 7, m. Roquefort des Landes C, Rosières, Rosiers (Les), 7, m, Rosny 7, m, 2. Rospotden 7, m. Roubaix 7, m, N. Rouen 7, m, 2, H. Rouffach 1 Roupy, Rozoy en Brie, Royr, Rue, 7, m. Rueil 7, m, 2 Ruffec 7, m.

Sacy, Salbris, Sampigny, Sancergues, 7, m. Sannois, Sarcelles, 7, m, 3. Sarrebourg 1. Sarreuville 7, m, 2, 4. Sarzeau 7, m Saumur 7, m, C. Satenay 7, m. Saverne 1. Savigny sur Orge 7, m, 2, 3. Savonnières 7, m Sceaux 7, m, 3 Schlestadt 1. Seclin 7, m. Sedan 8 Signelay 7, m. Seineport 7, m, 2, 3. Semur 7, m. Senlis 7, m 2. Sennecey 1. Sens 7, m, 1, 3, L. Septeuil, Sergines, Serpaixes, Sermaixes sur Sanx, 7, m. Serrières 1. Sèvres 7, m, 2 Sézanne 7, m. Sierentz 1. Sisvy, Soissons, 7, m Suisy sous Etiolles 7, m, 3, 4. Souhain, Sombernon, Somsronne, 7, m. Souilly 1. Soutza sous Forêts, Souppes, 7, m. Strasbourg 1, 3. Steenvoorde 7, m, Suresnes 7, m, N.

7, m, 3. Sury le Comtal 1. St Aignan, St Amand les Eaux, St Arnoult, St Aubin sur Aire, St Ay, 7, m. St Brice 7, m, 3. St Bris 7, m. St Chamond 1 St Chéron 7, m, 2. St Cloud 7, m, 2. St Cyr 7, m, 2 St Denis 7, m, 3. St Denis d'Héricourt 7, m, 8 Didier la Seauve, St Dizier, 1. St Dyé sur Loire 7, m. St Etienne 1, C. St Florent 7, m. St Florentin 7, m, 1 St Genis Laval, St Georges de Reneins, 1, 8 Georges sur Loire 7, m. St Germain 7, m, 1, 2. St Gobain, Ste Hermine, 7, m. St Jérôme 1. St Julien du Sault 7, m, 2. St Just en Chaussée 7, m, 2. St Laurent de Mure 1. St Laurent en Caux, St Léger sous Beuvray, 7, m. St Leu Désserent 7, m, 3. St Leu Taverny 7, m, 3. St Louis 1. St Malo 7, m. St Mandé 7, m, 3. St Mards en Othe 7, m. Ste Marguerite 1. St Mathurin 7, m. St Maur 7, m, 3. Sainte Maure 7, m Ste Menehould 1. St Mihiel, St Nazaire, 7, m. St Omer 7, m, 2, N. St Ouen 7, m, 3. St Oyen 1. St Parre les Vaudes 7, m. St Paul en Jarret, St Péray, 1. St Pierre de Plesguen 7, m St Pierre du Vaurray 7, m, 2. St Pierre les Calais, St Pol sur Ternoise 7, m. St Quentin 7, m, 2, N. St Renan, St Romain, St Saens, St Seine, St Servan St Simon, 7, m. St Symphorien d'Ozon 1. St Valérien, St Valéry en Caux, St Valéry sur Somme, 7, m. St Vallier 1. St Victor l'Abbaye 7, m.

Tarascon 1. Tatare C. Templeuve 7, m. Tencé, Tain, 1. Tanlay 7, m. Ternes (Les) 7, m, 3. Theil sur Vannes 7, m. Thiéblemont 1. Thilliers en Vexin Thoiry 7, m. Tholaxy 1. Thomery, Thorigny sur Creuse, Tillières sur Avre, 7, m. Tonnerre 7, m, 1, L. Torcy, Tôtes, 7, m. Toul, Toulon sur Mer, 1. Toulouse C. Tourcoing 7, m. Tour du Pin (La) 1. Tournan 7, m, 3 Tournon sur Rhône, Tourtaus, 1. Tourny 7, m Tours 7, m, C. Toury, Trappes 7, m, 2. Tréport 7, m. Trévoux 1. Triel 7, m, 3. Trilport 7, m, 2. Troyes 7, m, L. Trye Château 7, m. Tulle C. Tullins 1. Cserche C.

Vailly 7, m Valer 1. Valence en Brie 7, m. Valence sur Rhône 1. Valenciennes 7, m, 2, N. Valmont 7, m. Vannes 7, m, C. Vannes 7, m, 3. Varades, Vareddes, Varennes Courtemont, 7, m. Vassy sur Blaise 1. Vaugirard 7, m, 3. Vaux 7, m, 2. Vendeuil, Vendeuvre, 7, m. Vendôme 7, m, C. Verberie, 7, m, 2. Verdon sur Meuse 1. Vermenton, Verneuil, 7, m. Vernon 7, m, 2, H. Vernou sur Brenne 7, m. Verpillière (La) 1. Versailles 7, m, 1, 2, 4. Vertus 1. Vervins 7, m. Vraoul L. Vic sur Aisne, Vichy, 7, m. Vielainsisons, Vienne, 1. Vierzon 7, m, C. Vieux Bourg 7, m Villecreines 7, m, 3. Ville d'Avray 7, m, 2. Villefranche sur Saône 1. Villejuif 7, m, 3. Villemomble 7, m, 2 Villehauxe 7, m. Villeneuve la Gujard 7, m, 3. Villeneuve l'Archevêque 7, m. Villeneuve sur Yonne 7, m, 1. Villeneuve Saint George 7, m, 2, 4. Villeparisis 7, m, 3. Villepreux 7, m, 2. Vilequiers, Villers Bocage, Villers Bretonneux, Villers Cotterets, 7, m Villette (La) 7, m, 2, 3, 4 Villeurbanne 1. Villevallier 7, m, 2 Villiers le Bel 7, m, 3. Vincelles 7, m. Vincennes 7, m, 3. Virieu 1. Vitry Châtillon 7, m, 3, 4. Viroflay 7, m, 2 Vis en Artois, Vitry, Vitry la Ville, 7, m. Vitry le François 1, 3 Vitry sur Seine 7, m, 3. Villeaux 7, m. Void, Vuiton, Voreppe, 1. Voulx, Vourray, Vutes, Vicourt, 7, m.

Waxselouse 1. Watten, Wazemmes, 7, m. Wissembourg 1. Wormhoudt, 7, m.

Yvettes 7, m, 2, 3. Yerville 7, m. Yvetot 7, m, 2, H.

Etranger.—Angleterre 2, N. Autriche N. Bâle 1. Bavière 8. Brigue 7, m, N. Pays Bas N. Prusse 7, m, N. Prusse Rhénane 8.

Renseignements divers.

Service des articles d'argent. — Les articles d'argent sont reçus et payés tous les jours — Dans les bureaux d'arrondissement de 8 h. du matin à 8 h. du soir. — A l'hôtel des Postes, de 9 h. du matin à 4 h. du soir (Les dimanches et fêtes, jusqu'à 2 h. après midi).

Lettres chargées ou recommandées. — On reçoit dans tous les bureaux de Paris les lettres chargées et recommandées pour tous les lieux où la France entretient des bureaux de poste. L'affranchissement est obligatoire pour les lettres chargées, et facultatif pour les lettres recommandées. Les lettres chargées paient un double port ; les lettres recommandées paient une taxe supplémentaire et fixe de 25 cent. Les lettres chargées ou recommandées doivent être placées sous une enveloppe scellée au moins de deux cachets en cire, portant sur les quatre plis de l'enveloppe. Les lettres chargées ou recommandées sont remises sur reçu au domicile du destinataire.

Timbres-postes. — Les timbres-postes représentent cinq valeurs auxquelles correspondent cinq couleurs différentes : 1° 10 cent., bistre ; 2° 15 cent., verte; 3° 25 cent. bleue ; 4° 40 cent., orange ; 5° 1 fr., rouge. Les timbres-postes sont vendus dans tous les bureaux de poste, par tous les facteurs en tournée, par les boîtiers et par les débitants de tabac.

Tarifs. — Les Lettres de Paris pour Paris sont taxées 15 cent. (timbre vert) jusqu'à 15 grammes ; 25 cent. de 15 à 30 grammes, et 10 cent. par chaque 30 grammes ou fraction en sus. Les lettres de bureau à bureau sont taxées à 25 cent. par lettre simple de 7 grammes 1/2 (timbre bleu) ; le port est de 50 cent. pour une lettre du poids de 7 grammes 1/2 à 15 grammes, et de 1 fr. (timbre rouge) de 15 grammes à 100 grammes.